［改訂版］

コンピュータ会計基礎

河合　久・櫻井康弘・成田　博・堀内　恵 ──◎ 著

創 成 社

はしがき

　本書は，コンピュータの利用を前提とする会計処理の仕組みと手続きを解説した入門書です。随所にコンピュータ実習を織り込んでいますが，その目的はたんにコンピュータや会計ソフトの操作を修得することではありません。本書をつうじて学んでいただきたいことは，コンピュータ会計の基本構造であり，コンピュータを会計処理に適用することの意義であり，コンピュータ利用が当然となった今日の財務諸表作成プロセスの全体像です。コンピュータ実習は，あくまでも理論や概念を具体的に確認するための手段であると位置づけています。コンピュータ会計の基礎的な理論や概念についてコンピュータ実習を拠り所として学んでいただくこと，本書が入門書である理由はそこにあります。

　今日の実務をみると，多くの企業は財務諸表作成プロセスの能率化と合理的な経理業務の遂行にコンピュータの助けを求めています。そのときに重要となるのは，経営活動における各機能の関連性がコンピュータ処理におけるデータの流れに反映されるということを理解することです。そのデータの流れは企業が採用する情報技術の水準によって異なり，この相違がコンピュータ会計の仕組みと手続きを決めるということを理解することも重要です。

　そのような視点から，コンピュータ会計の構造は，適用する情報技術や情報処理方式によって，いくつかのパターンに分類されます。財務諸表作成プロセスにコンピュータを適用する際には，私たちが簿記で中心的に学ぶような仕訳をそのプロセスの起点とするのではなく，仕入業務（購買業務）や販売業務など，業務活動の発生現場でのデータ処理を考慮する必要があります。それらの業務活動でのデータ処理から最終的な財務諸表作成処理まで機能全体を担う仕組みを，会計情報システム論という学問領域では取引処理システムと呼んでいます。本書ではさらに，適用される情報処理方式の相違によって，取引処理システムを独立型取引処理システム，準統合型取引処理システム，統合型取引処理システムの3つのパターンに分類しています。一般に，独立型から統合型に向かうにつれて，採用される情報技術水準は高度になり，業務活動のデータ処理と財務諸表作成処理との結びつきが強くなっていきます。企業は自社の情報技術水準や産出する会計情報の範囲によって，そのいずれかのパターンのコンピュータ会計を構築するのが普通です。

　ここで，本書の構成について簡単に触れておきます。第1章と第2章は総論に位置づけられます。第1章では，企業会計の機能を体系的に整理したうえで，会計の基本的なフレームワーク，業務活動と会計処理との関係，手記簿記とコンピュータ会計との相違などについて解説します。第2章では，取引処理システムの分類の視点，コンピュータ会計における財務諸表作成に必要な各種データファイルの意味と会計帳簿の作成プロセスにおけるデータの流れを概観します。

　第3章から第5章では，取引処理システムの構造について，独立型，準統合型，統合型のパターン別に，第3章（独立型）と第4章（準統合型）ではMS-Excel（表計算ソフト）による実習，第5章（統合型）ではMS-Access（データベースソフト）による実習を取り入れながら解説します。実務上，

財務諸表作成そのものに表計算ソフトを活用することはありませんが，コンピュータ会計の仕組みを学ぶという本書の目的にとって，表計算ソフトを活用することによって仕組みやデータの流れを可視化できるという効果が期待されます。また，統合型取引処理システムの実務は基本的にデータベース活用であるといっても過言ではないため，本書では多くの読者がご自身のパソコンでその仕組みを学ぶことができるよう，パソコン向けの汎用データベースソフトを使用することにしました。

第6章では，小規模企業の実務で利用されている市販会計パッケージ・ソフトの利用を前提とした準統合型取引処理システムの方法論を解説しています。現在，日本で販売されているパソコン用会計パッケージ・ソフトにはいくつかの種類があります。本書ではPCA社から販売されている「PCA会計X」というソフトを取り上げていますが，すべてのソフトに共通の機能に限定していますので，その方法論はすべてのソフトに応用できるように工夫しています。また，準統合型取引処理システムを対象としていますので，購買・在庫管理ソフトと販売管理ソフトも同時に取り上げます。

第3章から第6章までの実習は，本書巻末に掲載した「共通取引モデル」にもとづいています。同じ取引でも取引処理システムの相違によって産出可能な会計情報の範囲が異なること，そして，それがなぜ異なるのかの理由も学んでいただきたいと考えています。

さて，私たち執筆者は皆，中央大学商学部あるいは同大学院商学研究科に在学中から今日に至るまで，会計情報システム論のパイオニアである根本光明先生に師事し，現在は各人が所属する大学でコンピュータ会計の授業科目を担当する研究者仲間です。私たちはこれまでにも，『コンピュータ会計基礎論』（1993年），『会計情報システム論』（2000年）および『コンピュータ会計システム入門』（2010年）を本書と同じ（株）創成社から出版させていただきました。そのうち最近の『コンピュータ会計システム入門』は管理会計領域へのコンピュータ適用を含む内容でしたが，このたびの本書の出版では，複数の大学や教育機関でのテキストとしての利便性を考慮して，財務諸表作成目的に範囲を絞って内容を再編成いたしました。このような内容変更を快諾してくださった（株）創成社 代表取締役 塚田尚寛氏，また，今回も全面的に編集を支えてくださった同社出版部 西田徹氏に対し，深く感謝の意を申し上げる所存です。

2015年8月25日

執筆者代表 河合 久

改訂にあたって

　今回の改訂版は，各章において使用している共通取引モデルの会計期間・年度が初版発行から5年以上が経過したことにより実際のカレンダーとのズレが生じたこと，そして，本書の主たる教育対象では無いものの，実務を意識して対象としている消費税が2019年10月から10％へと引き上げられ，市販の会計ソフトの利用も想定した取引事例が現実と合致しなくなったこと，主にこれらの関連項目を訂正しました。しかし，それらに加えて今回の改訂では，特に実習に関連した部分において，利用者が理解しやすいような図解や手順の追加・修正も行いました。

　情報通信技術は，この5年間においても継続的に拡張・発展を遂げています。多くの領域でのAIの活用が進み，そのことで多くの職業や職種を消滅させるといったことも話題となりました。また，DX（デジタル・トランスフォーメーション）に代表される，これまでの処理の効率化に加えて価値の創出をも意図した情報通信技術の総合的な活用，そしてその先の社会の新しい枠組みへの動きも始まっています。

　本書は，「はしがき」にも示してあるとおり，単にコンピュータやソフトの操作・処理を学ぶものではなく，会計情報を利用，活用するために，会計情報がどのような処理にもとづいて生成されるのか，そのプロセスを理解することが重要であり，そのための基礎的な理論や概念を学んでいただくことを目的としています。また，会計取引だけを対象とするのではなく，会計取引の前提となる企業活動全般，経営活動における各機能の関連性とコンピュータ処理およびデータの流れとの関係も理解することが重要であるというコンセプトにもとづいて，業務活動全般を対象とする実習を含めた内容となっています。

　このような本書の入門書としての目的，コンセプトは，初版から5年が経過し，AIの進展や情報社会の新たな展開を見せるステージにおいても何ら変わるものではありません。むしろ，そのような環境における本書の会計教育における意義，役割はこれまで以上にその重要性を増しているものと確信しています。

　本書が読者の皆さんのコンピュータ会計の体系的な理解に役立つことを筆者一同，心より期待しています。

　最後になりましたが，今回も編集，出版にご支援いただいた㈱創成社の皆様，とくに西田徹氏に心より感謝申し上げます。

2021年3月31日

成田　博

実習用データのダウンロード方法

　本書の実習で使用するデータファイルは，本書の発行所である㈱創成社のホームページからダウンロードできます。ダウンロード用ページの URL は以下のとおりです。

http://www.books-sosei.com/downloads/index.html

　ダウンロード用ページから本書を選び，画面に記載された「データ（圧縮ファイル）」をクリックし，ご自分のパソコンに保存したあと，ファイルを解凍して使用してください。
　本書で使用するデータファイルは，Excel Microsoft 365 と Access Microsoft 365 で作成した 2 種類です。Microsoft 365 以外の Excel と Access のバージョンでも使用できる場合があります。以下は，各実習で用いるデータファイルのリストです。「実習番号」にはそのデータファイルを初めて使用する実習の番号を示しています。1 つのデータファイルを複数の実習で繰り返し使用することがありますので，章の途中から実習を始めたり，ある実習を飛ばして次の実習に移ったりすることはできません。

フォルダー	実習番号	使用ソフト	ファイルの名前	タイプ
Chap 3	3 − 1	Excel	3_1 マスターファイル	ブック
	3 − 3	Excel	3_2 取引入力サブシステム	ブック
	3 − 5	Excel	3_3 月次試算表作成サブシステム	マクロ付ブック
	3 − 7	Excel	3_4 元帳作成サブシステム	マクロ付ブック
	3 − 9	Excel	3_5 期末試算表作成サブシステム	マクロ付ブック
Chap 4	4 − 1	Excel	4_1 マスターファイル	ブック
	4 − 2	Excel	4_2 販売管理システム	ブック
	4 − 4	Excel	4_3 購買管理システム	ブック
	4 − 7	Excel	4_4 棚卸資産管理サブシステム	マクロ付ブック
	4 − 9	Excel	4_5 自動仕訳サブシステム	マクロ付ブック
Chap 5	5 − 1	Access	5 統合型取引処理システム	複数フォーム

MS-Excel のマクロ付ブックを開くときの注意

　実習で用いる Excel ブックのなかには，操作を自動化するマクロと呼ばれるプログラムを組み

込んでいるものがあります。このブックを開くときには注意が必要です。

　お使いの Excel の＜ファイル＞タブ＜オプション（セキュリティセンター）＞の＜セキュリティ センターの設定＞ボタン＜マクロの設定＞で，「警告を表示してすべてのマクロを無効にする (D)」を選択している場合，マクロ付ブックを開こうとすると，下図のようにリボン（メニュー） の下にメッセージバー「セキュリティの警告　マクロが無効にされました。」と表示されます。その際，同じバーの右に表示される＜コンテンツの有効化＞ボタンをクリックしてください。

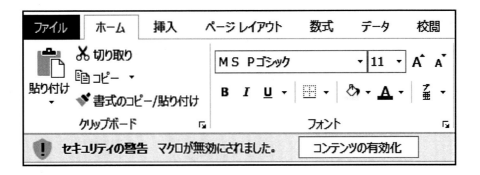

目　　次

第 **1** 章

企業活動と会計システム

1-1　企業活動と会計

1 企業活動と会計の機能

（1）会計の機能

　企業は利益獲得を通じて長期的な成長・発展を目指して活動している。企業がどのくらいの利益を獲得したのか，あるいは成長・発展の基礎をなす財産をどのくらい保有しているのかを明らかにするため，企業の経営成績や財政状態などを共通の尺度によって客観的に測定することが必要となる。このような企業活動を一定のルールにしたがって貨幣尺度によって認識，記録，計算し，利用者に有用な情報を伝達・提供する役割を果たすのが会計であり，その具体的な担い手となる仕組みとして，伝統的に複式簿記や原価計算などの会計システムが利用されてきた。

　会計の機能は多様であり，企業や企業を取り巻く環境，さらには経済環境等に対応してその内容および重要性は歴史的に変化してきている。現代における企業会計の主要な機能は，①受託責任の解除，②財産保全，③意思決定の３つに整理される。

図表１-１　企業活動と会計

①　受託責任の解除機能

　企業は取引先をはじめとして，株主や出資者といった投資者，金融機関に代表される債権者，国や県などの課税当局，地域住民など，多くの利害関係者とのかかわりの中で事業活動を展開しており，企業の経営成績や財政状態については，経営者以外にも多くの利害関係者が関心を有している。その中でも，企業に資金を提供している投資者と債権者は，その関心度が最も高い。主として投資者は配当を，債権者は利息収入を期待して，企業の事業運営に必要な資金を提供し，経営者にその運用を委託している。一方，企業にとって資金提供を受けることは，経営者が資金運用の権限を委譲されるとともに，提供された資金を損なうことなく，その期待に応えるべき受託責任を負うことを意味する。したがって，受託者たる経営者は，提供された資金を運用し，その結果としての経営成績と財政状態を説明する義務が生ずることとなる。この企業活動の結果を説明する義務を会計責任または説明責任（accountability；アカウンタビリティ）という。

　会計責任は，経営者と企業外部の利害関係者との間にだけ生じるものではなく，例えば，製品系列や地域といった単位で独立した事業展開をしている事業部を有する企業の場合，事業部の責任者たる経営管理者（事業部長）は，経営者から企業の保有する資金，設備，人的資源等の一部の提供を受け，それらを活用することによって事業を展開しているのであり，その結果を経営者に報告する義務を負っている。このように企業内部においても，上位の経営管理者とそれより下

位の経営管理者との間にも委託・受託の関係による会計責任（内部会計責任）が発生するのである。

　経営者あるいは経営管理者がこの会計責任を果たし，投資者，債権者，そして上位の経営管理者等との信頼関係を維持するためには，貨幣尺度を用いて企業活動を適正に測定・表現した情報・報告書が必要であり，その情報・報告書を作成するという重要な役割を担っているのが会計なのである。このような会計の役割は，受託責任の解除機能と称され，現代の企業会計の最も重要な機能である。

図表1－2　会計責任

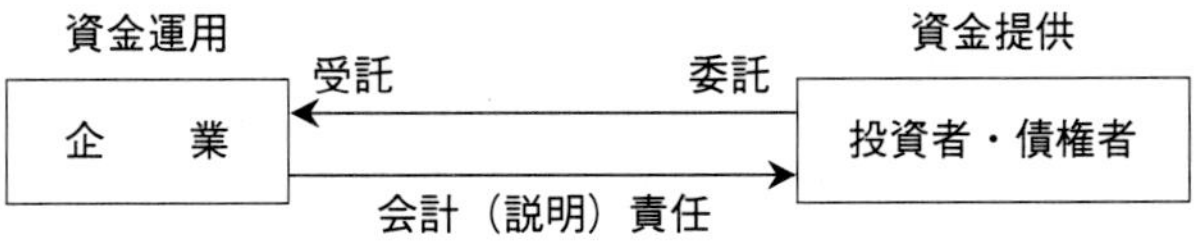

資金運用　　　　　受託　　　　　委託　　　　資金提供

企　　業　　　　　　　　　　　　投資者・債権者

会計（説明）責任

② 財産保全機能

　財産保全機能とは，企業の財産の増減を正確に記録し，帳簿の残高と実際の残高とが一致していることを確認し，財産の管理状況を明確にすることによって財産の保全を図ることである。歴史的に見ると，会計は，商人が債権・債務，現金や商品といった財産の残高あるいは増減の管理を記録することによって始まったとされており，その意味では財産保全機能は会計の本源的機能ともいえるものである。企業の経営者が投資者や債権者から委託を受けた資金によって運営されている企業の財産を保全すること，また上位の経営管理者に事業を任された下位の経営管理者が事業運営にかかわる財産を保全することは，それぞれの会計責任を果たすための前提となるものであり，現代の企業にとっても財産保全は会計の重要な機能の1つである。企業ではこの財産保全機能をより有効とするために，牽制の仕組みを含む内部統制制度や監査制度を構築している。

③ 意思決定機能

　意思決定機能とは，取引先，株主，投資者，債権者，そして経営者をはじめとする各経営管理者層や従業員など，企業内外の利害関係者やこれからその企業と何らかの関係を持とうとしている人たちの意思決定を支援するという会計の機能のことである。これらの人たちは企業の活動によって多大な影響を受ける立場にあることから，その企業の状況や経営成績等に大きな関心を有しており，入手した情報によってさまざまな意思決定をしている。会計情報もこの意思決定のための主要な情報の1つであり，株主は会社の配当可能利益や収益力から株を保有し続けるかどうか，金融機関は弁済能力や利息支払い能力から融資金額をどれくらいの額とするか，経営者は製造原価や利益の状況から今後どのような企業運営をしていこうかなど，それぞれの情報利用者が必要な会計情報を活用して多様な意思決定を行っている。会計情報は会計責任の履行手段として利用されると同時に，利害関係者の意思決定を支援するためにも活用されるのである。また，これらの会計情報の利用者である利害関係者は，近年の企業規模の拡大にともなって増大し，その利害の内容も多様となっている。特に多様な利害を有する利用者に提供される会計情報には，特定の利害に偏ることなく，企業の真実な姿を反映することが求められている。結果として会計は，

多くの利害関係者の意思決定を支援する情報を提供すると同時に多様な利害関係者の利害を調整する機能も果たしていることとなる。また，意思決定支援機能のうち，経営管理者等の経営計画の策定や業績の評価など，経営管理のための意思決定を支援する領域を特に経営管理機能と称する。

2 財務会計と管理会計

　財務会計とは，企業外部の利害関係者に対して企業の経営成績や財政状態などの活動実績を示す財務諸表や報告書等の会計情報を作成・伝達することによって，財産を保全し，受託責任解除の手段たる役割を果たし，そして多くの企業外部の利害関係者の意思決定を支援するという機能を果たしている。これらの役割・機能を果たすためには特定の利害関係者に偏ることなく，企業の真実な姿を示し，企業活動の結果たる損益と財産の状態を正確に認識・測定することが必要となる。その意味では，財務会計が対象とするのは主として過去の企業活動ということとなり，その主要な認識・測定手段として伝統的に利用されてきたものが，複式簿記や原価計算である。企業活動の中で生じる多種多様な経済事象や取引を対象として，一定のルールに従って会計取引を認識・測定し，財務諸表を通じて企業の真実な姿としての経営成績や財政状態を，多くの外部利害関係者に伝達することが財務会計一連の行為・プロセスといえる。伝達・報告される会計情報の正確性，客観性，信頼性，さらには企業間での統一性，比較可能性を確保するため，企業会計基準や原価計算基準が重要かつ共通の指針として利用されている。さらに，会社法や金融商品取引法など，立法目的の異なる法律上の規制をも受けながら，多様な情報を要求している外部利害関係者に対して，標準的・共通的な処理や手続きによる会計情報が提供されることとなる。

　近年では，日本企業の国際化・グローバル化，そして海外投資家の日本参入による証券市場，金融市場の国際化にともなって，企業会計基準や諸規則における会計処理方法の修正，提供する会計情報の拡張など，財務会計領域全般に対する国際化，国際的な会計基準の採用の動きが進展している。また，多くの企業が外部利害関係者に対して，従来の法的規制の対象外である環境負荷軽減に対する効果や，そのために要したコスト，社会貢献のための活動コストなどを積極的に開示している。企業は，制度会計による情報にくわえて情報会計に分類される情報をも提供するようになっており，財務会計はその領域を拡張しているといえる。

　各企業は，激しい企業間競争に勝ち抜き利益を獲得するために独自に購買・生産・販売活動を実施している。これらの活動を，より効率的・能率的とするための活動が経営管理であり，法的

図表1-3　財務会計プロセス

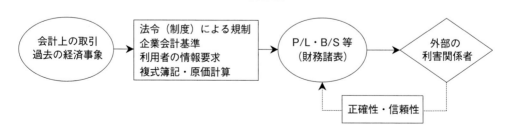

な拘束を受けることなく，各企業独自に展開される経営管理に有用な情報を提供し，経営管理者等の意思決定を支援する領域が管理会計である。管理会計は，企業の最高経営責任者をふくむトップ・マネジメント，部長・支店長といったミドル・マネジメント，現場の係長・主任といったロワー・マネジメントといった経営管理者等に対して，過去および現在の企業活動，将来の経済事象やその予測にもとづいて，計画や統制といった経営管理に有用な会計情報を作成・伝達することによって，経営管理者等の多様な局面における意思決定を支援する機能を果たしている。

　計画や統制など経営管理に有用な情報を提供するためには，伝統的な複式簿記や制度としての原価計算以外に，現在の活動，将来の経済事象やその予測を対象として，損益分岐点分析，予算，特殊原価調査など多様な管理会計手法が利用される。そして管理会計で提供される情報では，有用性，重要性，適時性などが重視・要求されることとなる。また管理会計においては，企業全体や企業集団全体を対象とするだけではなく，企業を構成する支店，部門，あるいは製品といった部分実体を対象として会計情報が作成・伝達される。情報利用者への伝達・報告も，必要に応じて随時実施される場合と定期的に実施される場合とがあるが，定期的な場合でも日，週単位といった短期間で実施されるのが一般的である。

図表 1 － 4　管理会計プロセス

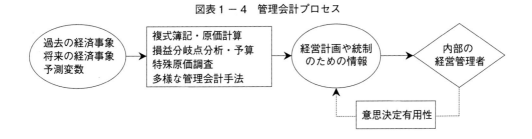

財務会計と管理会計は対比されて論じられることが多く，これまで述べてきたことも含め，財務会計と管理会計の相違についての特徴的な諸点を示したものが図表1－5である。しかし管理会計においても，会計の本源的機能ともいうべき企業活動の実態，真実の姿を測定・認識することは計画・統制活動にとっても不可欠のことであり，実績情報を提供する複式簿記，制度としての原価計算は財務会計・管理会計に共通の主要な会計手法といえるのである。財務会計と管理会計は，情報の活用目的，要求される情報の特性，報告対象範囲等に相違はあるものの，社会性，利潤性という企業が同時に備えている存在性格・指導原理に対応した体系であるとともに，実績情報を提供する複式簿記や原価計算という伝統的な会計手法を共有していることからも，密接不可分の関係にあるものと理解すべきである。

図表 1 － 5　財務会計・管理会計の相違

	法との関係	測定実施頻度	情報要求	情報の時制	情報の単位	測定モデル
財務会計	直接的	常時	真実性 正確性	過去	貨幣	一様 標準的
管理会計	間接的	随時	有用性 適時性	現在・将来	貨幣・非貨幣	多様 目的適合的

1－2　企業活動と会計測定

1 基幹業務サイクルと財産・損益計算

　企業は営利を目的として事業を営む組織体であり，商企業では購買・販売サイクルが，そして工企業では購買・製造・販売サイクルが基幹業務として展開されている。図表1－6は，商企業における，購買サイクルと販売サイクルにおける各業務局面と取引先との間での文書や財貨（商品および現金）の流れを示している。この商企業には，銀行から借り入れた500円と店主が元手として用意した1,000円とのあわせて1,500円の現金が手元にあり，これから取引をスタートするという前提のもと，簡単な取引例によって利益獲得のための購買・販売サイクルにおける一連の業務活動を概観する。図中の数値例は財貨の価値もしくは数量の変化の大きさであり，プラス記号はそれらの流入または増加を，マイナス記号は流出または減少を表している。

図表1－6　商企業の基幹業務サイクルと取引例

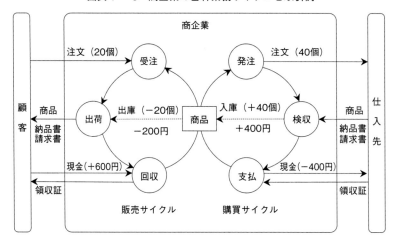

出所：根本光明監修，河合久・成田博編著『会計情報システム（改訂版）』創成社，2002年，p.2（一部変更）。

　① 発注業務

　販売担当部署や倉庫からの商品購入の要求，あるいは購入依頼書にもとづき，購買担当者が，仕入先に商品を注文するのが発注業務である。発注は，電話によって直接口頭で，あるいはFAXやインターネットなどを利用した注文書の送付を通じて，商品名，数量，単価，納品日などを仕入先に提示する。

　【業務の事実】単価10円の商品を40個注文した。

　② 検収業務

　仕入先から商品が納品されると，数量と品質の両面から，その商品が発注どおりであるかを，納品書と現物にて確認するのが検収業務である。検収が完了した段階で，正式にその商品の購買が確定することになり，仕入先に対する購買代金の支払義務が生じることとなる。

【業務の事実】単価 10 円の商品 40 個が納品され，検収が完了した。

③　支払業務

検収が完了した商品の購入代金を，納品と同時，または後日届けられる請求書にもとづいて支払うのが支払業務である。仕入先との取引契約が成立している場合には，請求のための締切日，請求日，代金決済日，現金や小切手や手形といった支払手段等が定められている。

【業務の事実】請求代金 400 円を現金にて支払った。

④　受注業務

顧客からの取引条件や納品が可能かどうかといった問い合わせ（引合）や顧客への見積提示後に，実際に顧客から注文を受けることが受注業務である。発注業務と同様に，顧客からの発注書で商品名，数量，単価，納品日などが提示される。注文を受けたことを確認するために，顧客に対して受注書を発行する場合もある。

【業務の事実】商品 20 個を販売単価 30 円で販売する注文を受けた。

⑤　出荷業務

受注後に，指定の納品日に商品が到着するように，出荷指示書にもとづいて，商品を発送準備・出荷するのが出荷業務である。現物の商品とともに納品書も顧客に送付される。請求書も同時に送付される場合や，取引契約により後日，一定期間の納品を合計した請求書が送付される場合もある。

【業務の事実】購入単価 10 円の商品 20 個を販売単価 30 円で出荷し，同時に 600 円の請求書を送付した。

⑥　回収業務

顧客から商品の販売代金（請求額）を受け取ることが回収業務である。商品と引き換えに，販売代金そのものとして回収する場合や，販売代金に関する債権（売掛金）を回収する場合がある。

【業務の事実】商品販売についての請求金額 600 円を現金で受け取った。

以上が，単純な取引例を利用した購買・販売から構成される商企業の一連の基幹業務サイクルである。基幹業務サイクルによってどのように利益が獲得され，当初 1,500 円の現金だけからスタートした企業の財産が，どのように変化したかを確認することとする。一連の取引を要約すれば，単価 10 円の商品を 40 個購入して，代金 400 円の現金を支払い，そのうち 20 個を単価 30 円で販売して，600 円の現金を受け取ったというものである。

商品売買によって，把握される利益を売上利益または売上総利益というが，この場合，商品購入額の全額 400 円と販売額 600 円との差額 200 円が，そのまま売上利益となるわけではない。売上利益は，販売した商品の売上高と，それに対応する販売された商品の原価（売上原価）との差額として計算される。

$$売上利益 = 売上高 - 売上原価$$
$$= 30 円 \times 20 個 - 10 円 \times 20 個 = 600 円 - 200 円 = 400 円$$

他方，当初 1,500 円の現金だけであった財産についてみてみると，現金保有高に，まだ販売されていない商品保有高も加わることとなる。

$$現金保有高 = 当初現金保有高 + 現金流入額 - 現金流出額$$
$$= 1,500 円 + 600 円 - 400 円 = 1,700 円$$

$$商品保有高 = 購入原価 - 売上原価$$
$$= 400 円 - 200 円 = 200 円$$

結果として，この企業の財産の合計は 1,900 円となり，当初の現金保有高 1,500 円に比べて 400 円増加したことになり，この財産の増加は，商品売買という企業活動の成果である売上利益によってもたらされた結果であることがわかる。

企業では，例えば，店舗の家賃，販売員の給与，電話や FAX のための通信費など，基幹業務サイクルに関連する費用が発生し，また，資金の借入によって発生する支払利息のように，基幹業務サイクルを支えるための費用も発生する。企業が活動するためにはさまざまな費用が必要であり，これらの費用をも負担して最終的な利益を創出し，その結果として財産を増加させることによって，企業はさらなる利益獲得，そして成長・発展を目指すのである。

2 会計測定過程

（1）会計測定の基本構造

会計では，過去の経済事象を対象として，企業の経営成績と財政状態を測定・伝達するための総合的かつ，普遍的な測定構造が確立されている。その測定構造のもとでは，継続的な企業活動を一定期間（会計期間）に区切って，その期間の末日時点（期末）における財政状態を示す貸借対照表（Balance Sheet；B/S）と，その期間の経営成績を示す損益計算書（Profit and Loss Statement；P/L または Income Statement；I/S）という 2 種類の報告書を作成することができる。

貸借対照表は，「資産」，「負債」，「資本（純資産）」の 3 つの要素から構成され，期末における資金の調達源泉と運用形態を示す。調達源泉は，債権者や金融機関からの借入れのように，他人から提供された資金で返済義務のある「負債」と，株主や店主のような所有者の出資によって提供された「資本（純資産）」とに区別される。運用形態は，調達された資金によって取得した具体的な財産の内容と保有高を表し，それは「資産」と総称される。資産は調達された資金が形態を変えたものであることから，資産の保有高は，資金源泉である負債と資本の合計に等しくなる関係，すなわち，次に示す貸借対照表等式が成立する。

資産 ＝ 負債 ＋資本（純資産）… 貸借対照表等式

前節で示した取引例を利用して，貸借対照表が維持されることを検証する。最初に保有してい

た現金 1,500 円は，店主が元手として用意した出資分 1,000 円（資本）と銀行から借入れた 500 円（負債）を源泉とするため，期首の時点で，次のような貸借対照表等式が成立する。

$$1,500 円 ＝ 500 円 ＋ 1,000 円 \qquad … 資産 ＝ 負債 ＋ 資本$$

　その後の期中における商品売買取引の結果，この企業が保有する財産は，現金保有高が 1,700 円に変化し，くわえて商品保有高（資産）も 200 円となった。これらの数値だけからすると，次のように等式は成り立たない。

$$1,900 円 ＞ 500 円 ＋ 1,000 円 \qquad … 資産 ＞ 負債 ＋ 資本$$

　前節で説明したように，この差額 400 円は商品売買という企業活動の成果として創出された利益である。利益は企業の価値を増加させる要因であることから，会計ではこれを資本あるいは純資産の増加とみる。したがって，期首の資本 1,000 円に当期利益 400 円を加えた 1,400 円が現時点（期末）の資本となり，その結果，上記の式が次式のように置き換えられ，貸借対照表等式が成り立つこととなる。

$$1,900 円 ＝ 500 円 ＋ （1,000 円 ＋ 400 円） \qquad … 資産 ＝ 負債 ＋ （期首資本 ＋ 当期利益）$$
$$1,900 円 ＝ 500 円 ＋ 1,400 円 \qquad … 資産 ＝ 負債 ＋ 資本$$

　以上のように，財産の増加によって当期の利益が判明し，貸借対照表で資産の増加に相当する利益が表示されても，その要因である売上高と売上原価の金額は不明である。これらの資本の増減の要因となる企業活動を明らかにするために，損益計算書が必要となる。上記の取引例において，売上高 600 円は資本を増加させる販売活動の結果であり，減少した商品の価値を示す売上原価 200 円は，売上高を獲得するための犠牲，あるいは資本の減少要因を意味する。売上高のように資本，あるいは純資産の増加要因となる項目を「収益」と総称し，売上原価のように資本あるいは純資産の減少要因となる項目を「費用」と総称する。それらの具体的項目を一覧形式にて表示するのが損益計算書であり，取引例における収益，費用および利益の関係を示すと次式のようになる。

$$400 円 ＝ 600 円 － 200 円 \qquad … 当期利益 ＝ 収益 － 費用$$

　上記の式の項を入れ替え，実際の表示形式に対応した次の等式が損益計算書等式である。

　　費用 ＋ 当期利益 ＝ 収益 … 損益計算書等式

　取引例からも明らかな通り，貸借対照表で示される当期利益と，損益計算書で示される当期利益は金額が一致する。このように貸借対照表と損益計算書は双方に当期利益を表示することによって，企業活動の結果である経営成績を反映した財政状態の変動と財産の保全状態を明示することが可能となる。

　以上のように，最終的に貸借対照表と損益計算書を導出する会計測定において，それぞれを構成する資産，負債，資本および収益，費用という 5 つの要素は，企業活動によって生じる具体的

な価値変動の対象となる項目の総称であり，それらの具体的項目として表示される価値は会計期間の最終日における集約値である。したがって，貸借対照表，損益計算書という会計報告書によって，会計期間の企業活動の結果を説明するには，日常の企業活動から，これらの会計報告書が合理的に誘導できる手続きが不可欠となる。

　会計の分野では，日常の企業活動のうち企業の財産の変動をもたらす事象を，会計取引または取引（transaction）と称している。会計では，あらゆる取引を網羅して，貸借対照表と損益計算書を合理的に導出する測定手続きを備えており，その過程は取引の記録，分類，総合という3つの局面により構成される。

（2）取引の記録過程

　貸借対照表および損益計算書を構成する資産，負債，資本，収益および費用の5つの要素は，価値変動の対象となる項目の総称であり，実際の会計測定では，取引の内容が明らかになるような具体的な明細項目が利用され，貸借対照表および損益計算書にもそれらの明細項目が表示される。会計測定における取引の記録とは，企業活動によって生じる明細項目の価値変動を，価値増減の原因と結果という視点から，資産，負債，資本，収益および費用の要素が持つ性格にしたがって，項目ごとに捕捉する過程である。換言すれば，取引の記録とは，各明細項目に対して変動した価値を割り当てる行為であり，その際，利用される明細項目は会計測定における記録単位を意味し，会計ではこの記録単位を勘定（account）という。

　取引の記録とは，会計測定固有の形式によって実施されるものであり，価値変動の原因と結果という2つの側面を，原因に対応する勘定と結果に対応する勘定の少なくとも2つの勘定によって表現し，図表1－7に示された5つの取引要素の結合関係としてとらえるものである。取引を記録するためには，取引要素の結合関係を判断するための事実（会計事実）を認知することが必要となる。前節の取引例によれば，企業は銀行から借入れた500円と店主が元手として用意した1,000円とのあわせて1,500円の現金が手元にある状態からスタートした。この場合の会計事実とは，「借入による負債500円と店主の出資による資本1,000円が増加し，その金額に相当する現金という資産が増加した」というものである。この会計事実は，負債の増加と資本の増加を原因として資産の増加という結果をもたらしたものであり，「資産の増加」－「負債の増加」という取引要素の結合，そして「資産の増加」－「資本の増加」という要素の結合による取引に該当

図表1－7　取引要素の結合関係

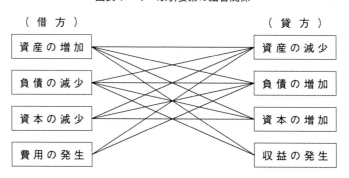

する。この会計事実を記録するときには，借入による負債を表す勘定として「借入金」，出資による資本を表す勘定として「資本金」，増加した資産を表す勘定として「現金」が利用され，それらの勘定と金額を，下記のように左右対照に表記する。

（借方）現　　金　　　　500　　　　（貸方）借 入 金　　　　500
（借方）現　　金　　　1,000　　　　（貸方）資 本 金　　　1,000

　このような記録方法を，会計では仕訳（しわけ），そして左側を借方（かりかた），右側を貸方（かしかた）という。実際上の仕訳では，勘定と金額にくわえて，取引日，取引の詳細を示す摘要項目等も含めて記録する。1 つの仕訳においては，借方と貸方には同じ金額が記録され，勘定が借方と貸方のどちらに記録されるかは図表 1 - 7 の結合関係にしたがう。すべての会計取引は，これらの結合関係によって表現することができる。1 つの取引によって生じる価値変動を，借方および貸方の両面から記録する考え方を二重性（duality）の原理，そして具体的な仕訳形式による記録作業のことを複式記入（double entry）と称する。
　以下では，取引例の業務活動における取引と，会計事実および仕訳を示す。

　発注業務　単価 10 円の商品を 40 個注文した。
　　発注業務は実際に価値の増減が生じないため，会計事実としては認識しない。
　検収業務　単価 10 円の商品 40 個が納品され，検収が完了した。
　　【会計事実】400 円の商品が資産として増加し，代金を支払う義務としての買掛金という負
　　　　　　　債が増加した。このように資産を取得時の代価で測定する考え方を取得原価主
　　　　　　　義という。
　　【仕　　訳】（借方）商　　品　　400　　　（貸方）買 掛 金　　400　　…a）
　支払業務　請求代金 400 円を現金にて支払った。
　　【会計事実】購入した商品代金についての債務である負債の買掛金 400 円が減少し，その代
　　　　　　　わりに，同額の資産である現金が減少した。
　　【仕　　訳】（借方）買 掛 金　　400　　　（貸方）現　　金　　400　　…b）
　受注業務　商品 20 個を販売単価 30 円で販売する注文を受けた。
　　受注業務は実際に価値の増減が生じないため，発注業務と同様に会計事実としては認識しない。
　出荷業務　購入単価 10 円の商品 20 個を販売単価 30 円で出荷し，同時に 600 円の請求書を送
　　　　　　付した。
　　【会計事実】売上という収益 600 円が発生し，その代金を受け取る権利としての売掛金とい
　　　　　　　う資産が増加した。また，同時に販売によって商品 200 円が減少したために，
　　　　　　　収益を獲得するための犠牲である費用としての売上原価が発生した。
　　【仕　　訳】（借方）売 掛 金　　600　　　（貸方）売 上 高　　600　　…c）
　　　　　　　（借方）売上原価　　200　　　（貸方）商　　品　　200　　…d）

回収業務　商品販売についての請求金額600円を現金で受け取った。

【会計事実】債権としての資産である売掛金600円が減少し，その代わりに，同額の資産である現金が増加した。

【仕　訳】（借方）現　　金　600　　　（貸方）売　掛　金　600　…e）

（3）取引の分類過程

　取引の分類とは，会計期間に生じた取引によるすべての価値変動を勘定別に集計する過程をいう。仕訳で用いられる勘定を集計単位あるいは集計場所とし，仕訳においてその勘定が借方に記録された場合は借方の金額として，貸方に記録された場合は貸方の金額として集計される。取引の記録過程がその名称のとおり個々の取引を記録するものであるのに対して，分類過程は会計取引の結果としての個々の勘定の価値変動を集計・捕捉する過程である。

　取引例における，銀行からの借入れと店主の出資によって現金が増加したという，期首の取引についての分類結果を示したのが次の図である。理解しやすいように，文書として出力する形式にしたがって示してある。仕訳で用いられた勘定は現金，借入金，資本金であるから，この場合には3つ集計場所が設定される。仕訳では，現金は借方金額として記録されていることから，集計場所としての現金勘定においても500円と1,000円という金額が借方金額であることが明らかとなるように記録する。この図においては，現金勘定の左側，すなわち借方に記載されることによって，その金額が借方金額であるということがわかる。一方，借入金と資本金は仕訳において貸方に記録されていることから，集計場所においても貸方金額であることが明らかとなるように記録する。分類過程では，各勘定の金額だけを記録するのではなく，取引の日付や，その金額がどのような取引から生じたかが推定できるように，仕訳の相手勘定も同時に記録する。

図表1－8　取引の分類過程

　図表1－9は，取引例のすべての取引についての分類結果を，前図と同様，一般的な文書として保管する形式で示したものである。仕訳で示されたすべての金額が，各勘定の借方または貸方に分類，記載されており，すべての勘定を網羅したこのような文書を総勘定元帳（General Ledger；G/L）という（記載されたアルファベットは，仕訳に付したものに対応しているが，実際には取引の日付が記載される）。

図表1－9　取引例にもとづく総勘定元帳

現　　金		
借入金　500	b)買掛金　400
資本金　1,000	
e)売掛金　600	

借　入　金	
	現　金　500

売　掛　金	
c)売上高　600	e)現　金　600

買　掛　金	
b)現　金　400	a)商　品　400

商　　品	
a)買掛金　400	d)売上原価　200

資　本　金	
	現　金　1,000

売上原価	
d)商　品　200	

売　上　高	
	c)売掛金　600

（4）取引の総合過程

　分類過程では，取引による価値変動の経過，すなわち増加と減少が勘定別に明らかにされる。各勘定の増加と減少は，借方または貸方のいずれかに集計されるが，その増加額から減少額を差し引くことによって，勘定ごとの価値変動の結果が決定される。この勘定ごとの価値変動の結果を決定することが必要となるのは，それらの結果の全体こそが，企業のその時点における経営成績と財政状態を意味するからである。取引の総合とは，任意の期間内の取引による価値変動の結果を勘定ごとに決定し，それらを企業全体として要約する過程である。一会計期間を要約対象とする取引の総合局面は，「決算」に相当することとなる。

　図表1－10は，取引の分類にもとづいて，勘定ごとに借方と貸方の合計額および貸借差額である残高（balance）をその増加側に記載したものであり，試算表あるいは勘定科目残高一覧表と称される。試算表では，最下行にある「計」の額が，合計欄の借方と貸方がともに3,700円と等しく，また，残高欄の借方と貸方もともに2,100円と等しくなる。この特徴は，仕訳における勘定の貸借区分および金額が，分類・総合過程においても貫かれる単純な加算法則によって処理されることによって必然的に導かれる。これによって，記録過程から分類過程へいたる手続きに，

図表1－10　取引例にもとづく合計残高試算表

借　　方		勘　定	貸　　方	
残高	合計		合計	残高
1,700	2,100	現　　　　金	400	
	600	売　　掛　　金	600	
200	400	商　　　　品	200	
		借　　入　　金	500	500
	400	買　　掛　　金	400	
		資　　本　　金	1,000	1,000
		売　　上　　高	600	600
200	200	売　上　原　価		
2,100	3,700	計	3,700	2,100

図表 1 - 11　取引例にもとづく財務諸表

貸　借　対　照　表
20X1年 3 月 31 日

資　　産	金　額	負債および純資産	金　　額
現　　　　金	1,700	借　入　金	500
商　　　　品	200	資　本　金	1,000
		繰越利益剰余金	400
	1,900		1,900

※貸借対照表では当期純利益は繰越利益剰余金と表示される。

損　益　計　算　書
20X0年 4 月 1 日〜20X1年 3 月 31 日

費　　用	金　額	収　　益	金　額
売　上　原　価	200	売　　上　　高	600
当　期　純　利　益	400		
	600		600

誤りのなかったことが形式的に保証される。このような勘定に集計された金額の合計および残高が借方と貸方で一致する特徴を，貸借平均の原理という。

　試算表によって会計測定手続きの形式的妥当性が検証されると，最終的に企業の経営成績と財政状態を表すために損益計算書と貸借対照表が作成される必要がある。図表 1 - 11 は，試算表の勘定残高を収益・費用および資産・負債・資本の区分にしたがって作成された損益計算書と貸借対照表である。損益計算書では貸方の収益合計額が借方の費用合計額より 400 円多く，貸借対照表では借方の資産合計額が貸方の負債・資本合計額より 400 円多い。また，貸借対照表では，資産と負債との差額を意味することから，繰越利益剰余金等を含む資本は「純資産の部」と表記される。この差額は，例示した一連の商品売買活動によって生み出された利益額と一致するものである。このように，記録，分類，総合という会計測定過程は，最終的に損益計算書と貸借対照表の両方において創出した利益額を表示し，損益計算書等式および貸借対照表等式を成立させることがわかる。そのさい，二重性の原理と貸借平均の原理が，会計測定にとっての不可欠な形式要件となる。

　以上の取引例からも理解できるように，企業の成長を意味する財産の増加は利益の獲得によって可能となる。損益や財産は企業活動の結果を反映した価値であり，その源泉は業務活動にある。企業の業務活動は企業の財産を変動させる要因であり，それらの変動を捕捉し，経営成績および財政状態の実態を明らかにすることが，会計測定に課せられた主要な役割である。商企業の商品

売買活動において，購買サイクルと販売サイクルは異なる機能を果たしながらも，商品の流れを介して連動している。検収や出荷といった業務活動も損益や財産の増減をもたらす。会計測定はこれらの業務活動における価値変動を，勘定機構によって企業全体の連鎖系として包括的に集約することを可能にする。図表1－12は，そのような業務サイクルにみられる価値連鎖を示している。

図表1－12　業務サイクルにおける価値連鎖図

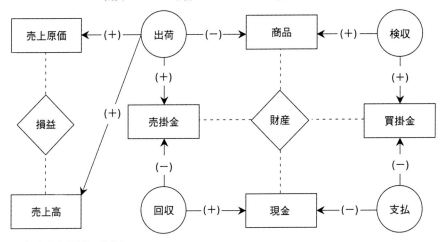

出所：根本光明監修，前掲書，p.15。

1-3　会計システムと会計情報

1 取引処理システムと総勘定元帳システム

（1）取引処理システムとしての会計

　会計は一定のルールにしたがって企業活動を測定し，その結果としての有用な情報を各種利害関係者に伝達・提供するものであり，その具体的な仕組みが会計システムである。会計システムの中で，最も代表的かつ伝統的なシステムであり，企業における会計責任を履行するにあたり，経営成績と財政状態とを報告するために，最も有効な測定構造を有する仕組みが取引処理システム（transaction processing system）である。取引処理システムとは，業務活動で認知される取引を対象として，損益計算書や貸借対照表のような財務諸表を作成するための機能と構造を有する体系のことをいう。システムの機能面に着目した場合，システムとは，インプット（input）をアウトプット（output）に変換する処理（process）の全体として理解される。図表1－13は，会計を取引処理システムとしてとらえたときの，対象とする経済事象の発生から財務諸表産出までの枠組みを示している。

　一般に，システムにおいて処理対象とされる文字や数字などのインプットをデータ（data）といい，それらがシステムの目的にしたがって処理され，利用者の判断や意思決定にとって意味を持つ場合，そのアウトプットを情報（information）という。財務諸表は取引処理システムのアウ

図表 1 － 13　取引処理システムの基本モデル

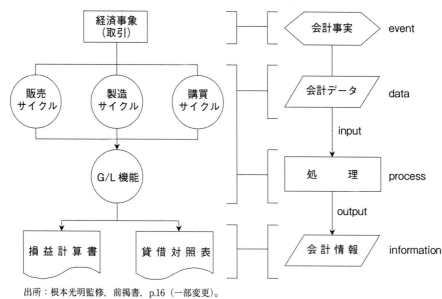

出所：根本光明監修，前掲書，p.16（一部変更）。

トプットであり，これを会計情報（accounting information）と呼ぶことができるのは，勘定の利用
や複式記入など会計固有の測定機構を通過して産出されるからである。

　購買・製造・販売の各サイクルにおける活動は，会計情報を処理・産出するために必要なデー
タの発生源泉となる。取引処理システムでは，業務サイクルを横断して生じる価値連鎖を認識し，
会計測定過程を通じて最終的なアウトプットである財務諸表を産出する。ここで最も重要となる
のが勘定別に残高を確定することであり，この機能が図表 1 － 13 に示されている総勘定元帳機
能（G/L 機能）である。ここに総勘定元帳機能とは，各業務サイクルで捕捉，計算される会計デー
タにもとづき，価値変動を勘定に割り当て，残高を確定する処理機能のことである。取引処理シ
ステムでは，各業務サイクルで発生した会計データが効率的に総勘定元帳機能に引き渡されるこ
とが重要となる。

（2）購買サイクルにおけるデータフロー

　ここでは商企業を対象に，購買・販売の各サイクルの業務処理と総勘定元帳機能との関係につ
いて概観してみよう。図表 1 － 14 は，購買サイクルを構成する具体的業務処理と，それらの業
務処理間に流れるデータを示したデータフロー・ダイアグラム（Data Flow Diagram；DFD）であ
る。発注処理を起点とする購買サイクルでは，①在庫処理，②買掛金処理，③支払処理が総勘定
元帳機能にデータを引き渡す処理である。在庫処理と買掛金処理が検収業務に関連して機能する
処理であり，買掛金処理と支払処理は支払業務に関連して機能する処理である。

　①　在庫処理

　在庫処理では，検収報告書に記載される購入数量と購入代金のデータにもとづいて，商品別に
その増加額が記録される。このデータは総勘定元帳機能における商品勘定の増加，すなわち借方
記入のインプットとなる。ここでの商品データは，商品別の在庫管理に有効な業務情報となる。

図表1－14　購買サイクルにおけるデータフロー

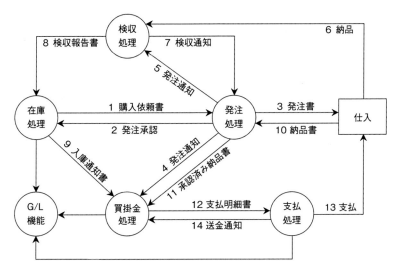

出所：根本光明監修，前掲書，p.18。

② 買掛金処理

　買掛金処理では，入庫通知書および承認済み納品書によって商品の入庫を確認した段階で，仕入先に対する買掛金の発生額が記録される。買掛金発生のデータは，総勘定元帳機能における買掛金勘定の増加，すなわち貸方記入のインプットとなる。そして，その後の送金通知にもとづいて支払い事実が確認された段階で，仕入先の買掛金の消滅額が記録される。買掛金消滅のデータは，総勘定元帳機能における買掛金勘定の減少，すなわち借方記入のインプットとなる。買掛金データは，仕入先別の買掛金管理に有効な業務情報となる。

③ 支払処理

　支払処理では，仕入先への支払明細書にもとづいて特定の期日に買掛金である購入代金を支払う。現金による支払であれば，その流出額が記録され，同時に，送金通知により支払事実が買掛金処理に伝達される。現金流出データは，総勘定元帳機能における現金勘定の減少，すなわち貸方記入のインプットとなる。

（3）販売サイクルにおけるデータフロー

　図表1－15は，販売サイクルに関するデータフロー・ダイアグラムである。受注処理を起点とする販売サイクルでは，①在庫処理，②請求処理，③売掛金処理，④回収処理が総勘定元帳機能にデータを引き渡す処理である。在庫処理，請求処理および売掛金処理が出荷業務に関連して機能する処理であり，売掛金処理と回収処理は回収業務に関連して機能する処理である。

① 在庫処理

　在庫処理では，出荷指図にもとづいて，商品別にその減少額が記録される。商品別の減少額は，購買で確定した購入代金を基礎とする原価配分計算により算定される。このデータは，総勘定元帳機能における売上原価勘定の発生を示す借方記入，他方で商品勘定の減少を示す貸方のインプ

図表 1 － 15　販売サイクルにおけるデータフロー

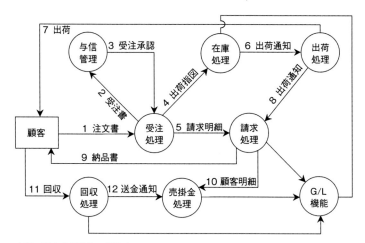

出所：根本光明監修，前掲書，p.19。

ットとなる。ここでの商品データは，商品別の在庫管理に有効な業務情報となる。

　② 請求処理

　請求処理では，出荷通知と請求明細によって商品の出荷を確認した段階で，商品別の売上データが把握される。このデータは総勘定元帳機能における売上高勘定の発生，すなわち貸方記入のインプットとなる。売上データは，商品別，営業担当者別の売上管理に有効な業務情報となる。

　③ 売掛金処理

　売掛金処理では，出荷の事実を示す顧客明細によって，顧客別（得意先別）の売掛金の発生額が記録される。売掛金発生のデータは，総勘定元帳機能における売掛金勘定の増加，すなわち借方記入のインプットとなる。そして，その後の送金通知にもとづいて回収事実が確認された段階で，顧客の売掛金の消滅額が記録される。売掛金消滅のデータは，総勘定元帳機能における売掛金勘定の減少，すなわち貸方記入のインプットとなる。売掛金データは，顧客別の売掛金管理や与信管理に有効な業務情報となる。

　④ 回収処理

　回収処理では，顧客からの売掛金である売上代金を受け取る。現金による回収であれば，その流入額が記録され，同時に，送金通知により回収事実が売掛金処理に伝達される。現金流入データは，総勘定元帳機能における現金勘定の増加，すなわち借方記入のインプットとなる。

（4）総勘定元帳システム

　取引処理システムにおける総勘定元帳機能もまた，業務サイクルで捕捉された会計データを会計情報としての財務諸表へと変換する 1 つのシステムであり，その意味では総勘定元帳システム（G/L システム）と言い換えることができる。総勘定元帳システムとは，勘定別の残高を確定し財務諸表を作成するまでの手続き全体のことをいい，その具体的な運用手段としては，伝統的な手作業による複式簿記（手記簿記）とコンピュータにもとづく G/L システムがある。

図表1－16　システムとしての複式簿記

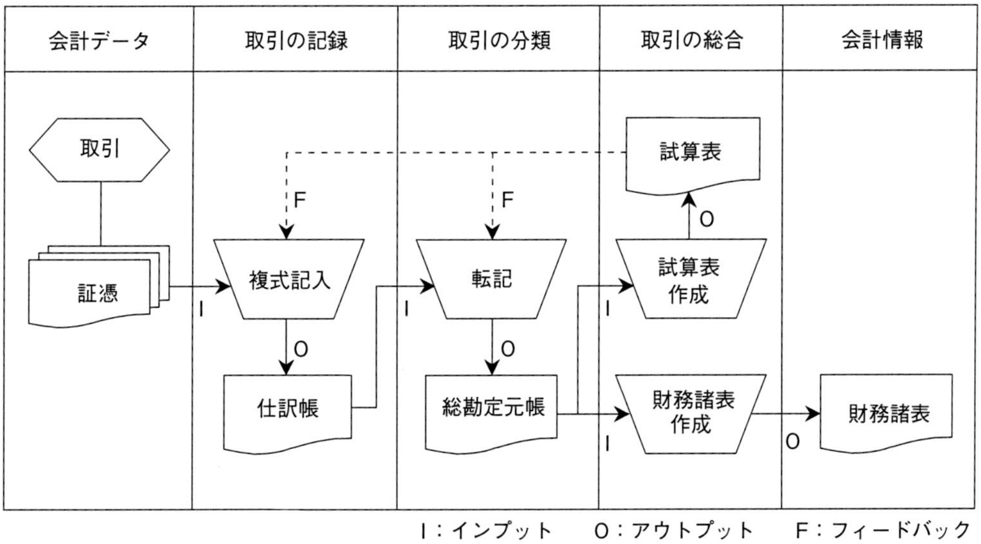

| 会計データ | 取引の記録 | 取引の分類 | 取引の総合 | 会計情報 |

Ｉ：インプット　　Ｏ：アウトプット　　Ｆ：フィードバック

① 複式簿記

　図表1－16は，伝統的な手作業による複式簿記における処理局面と会計測定過程との関係を示したフローチャートである。複式簿記では，記録，分類，総合という会計測定の3つの過程に対応して，複式記入による仕訳帳作成，転記による元帳作成，集計計算による試算表等の作成の処理が実施される。それらの帳簿には，処理過程ごとの機能と形式に応じて変換された取引の貯蔵場所としての役割がある。そのさい，例えば取引の分類過程においては，記録過程での「仕訳帳」を転記して「総勘定元帳」が作成されることとなる。これは直前の過程のアウトプットである帳簿が，次の過程でのインプットとして利用され，その過程でのアウトプットたる帳簿へと変換されるというものである。複式簿記は，このような手続き上の入出力関係を有することから，1つのシステムとして認識することができ，以下のような特徴を有している。

(a) 会計測定過程に対応して，異なる目的と機能を有した入出力関係を持つ3つのサブシステムから構成される。

(b) 個々のサブシステムが機能していると同時に，1つの全体システムとして，証憑をインプット，財務諸表をアウトプットとする複式簿記が機能している。

(c) 各帳簿は，サブシステムとしての各処理過程の入出力関係において連動している。複式簿記を財務諸表産出を目的とする1つのシステムととらえた場合，各帳簿はサブシステムのアウトプットであっても，システム内部におけるデータとみなされる。それらも経営管理者，監査人および課税当局等にとって利用されることもあり，会計測定過程を通過している中間的な情報となる。

(d) 処理手続きが明示的で，各処理過程あるいは帳簿上の文字や金額は見読可能である。そのため，総合過程での試算表において記録または分類過程での誤りが発見された場合，図表中のフィードバックが示すように，仕訳または転記の処理においてその修正が可能

図表 1 − 17　G/L システム

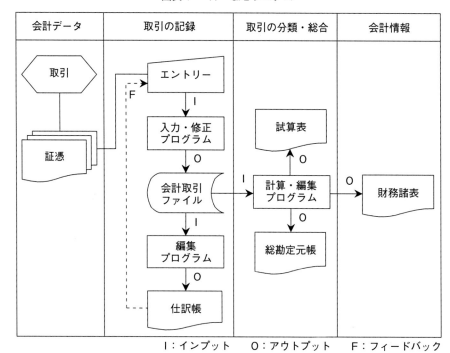

I：インプット　　　O：アウトプット　　　F：フィードバック

となる。

② コンピュータによる G/L システム

図表 1 − 17 は，コンピュータにもとづく G/L システムにおける処理局面と会計測定過程との関係を示したフローチャートである。会計データのインプット，処理，会計情報のアウトプットという一連の手続きをプログラムによって実行し，財務諸表作成を自動化する点が特徴である。総勘定元帳システムの具体的な運用手段には，手作業による複式簿記も含まれるが，今日，単に G/L システムという場合は，コンピュータにもとづく G/L システムを指すのが一般的であり，以下，本書においてもそのように扱うこととする。

G/L システムにおいて取引の記録過程に相当するのが，会計データをファイルへと入力・格納する処理である。このデータ・ファイルへの入力は手作業による場合が多いが，取引の分類・総合過程に相当する転記や残高計算はプログラムによって処理されるため，帳簿や財務諸表はすべて自動的に産出されることとなる。G/L システムはコンピュータによる処理のため，複式簿記とは異なる以下のような特徴がある。

(a) 総勘定元帳，試算表および財務諸表はプログラムにより産出されるため，取引の分類過程と総合過程とは明確には区分できない。しかし，勘定別の集計や残高確定計算などの会計測定の要件は必ずプログラムに反映されている。

(b) 証憑をインプット，財務諸表をアウトプットとする１つの全体システムとして機能することは，複式簿記と同様であるが，そのサブシステムはアウトプット別に定義されたプログラムの処理単位からなる。

(c) すべての会計帳簿が共通の会計取引ファイルから産出されるため，データの一貫性は維持されるが，複式簿記のような帳簿間の連動性はない。例えば，総勘定元帳を作成するために仕訳帳が出力されている必要はない。

(d) コンピュータ内部でのプログラムの実行であるため，処理手続きは不可視的である。実際の運用では，プログラムが正しいことを前提に，入力担当者や会計情報の利用者は，処理をブラックボックスとして扱うことができる。形式的な誤りを試算表で発見できる可能性は低く，誤りの原因は入力処理にある可能性が高い。修正は処理の起点であるデータ入力処理に対して行われる。

② 企業のマネジメント・サイクル

　商企業にとっては購買と販売，工企業にとっては購買，製造および販売が基幹業務であり，企業は日々これらの基幹業務活動を遂行することを通して利益の獲得を目指している。厳しい企業競争が展開される中で，利益を獲得するためには，企業は「ヒト」，「モノ」，「カネ」および「情報」といった経営資源を活用して，無駄なく円滑に基幹業務活動を実施しなければならない。この業務活動の実施を効率的とするための機能，あるいは活動を経営管理という。企業は継続的な利益獲得により成長発展し，企業規模を拡大していく。企業規模の拡大は，従業員数，支店や部署などの組織の拡張だけではなく，取り扱う材料，部品，製品，商品および仕入先や得意先などの取引先も増加し，企業内外のあらゆる要素間の関係が複雑化する。規模が拡大し，関係の複雑化した企業においては，業務活動の効率的な実施のために経営管理の果たす役割はいっそう大きくなる。

　経営管理の対象となるのは，「ヒト」，「モノ」，「カネ」および「情報」といった経営資源そのもの，あるいは，それら資源を活用する企業活動自体，すなわち購買，製造，販売という一連の業務活動となる。経営管理をこれらの対象となる資源別や機能別，さらには組織階層別に整理するなど，経営管理の体系は諸説が存在しているが，最も一般的かつ伝統的なものが，経営管理を計画（plan）と統制（control）という2つの局面に分類する体系である。すなわち，企業活動を効率的に実施するために計画を策定し，その計画あるいは目標を達成できるように諸活動を統制することが経営管理である，ととらえるものである。

　一般に計画とは，人的資源，物的資源を効率的に活用するために，組織上の各レベルにおいて目標を設定する活動のことであり，漠然とした将来像といったものから具体的な金額や数値で表現されるものまで多様な目標が利用される。期間については10年を超える長期のものから時間単位，日次といった短期のものまで，また，対象も全社から課，グループといった組織単位や，プロジェクト別や製品別といった要素単位など，多様な計画が策定される。

図表1－18　マネジメント・サイクル

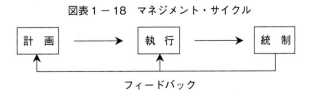

フィードバック

　これらの計画にもとづいて実際に業務活動を実施すること，つまり，計画を実行に移すことを業務執行または単に執行という。この業務執行を確実とすること，すなわち，業務活動を計画どおりに実施すること，あるいは可能な限り計画に近づけるための活動が統制である。統制とは，常に業務活動を監視し，その結果と計画との間に違いが生じた場合には是正措置を講じることによって，目標の達成度を高めるための活動である。統制は，業務活動に対して是正措置を働きかけるとともに，計画自体の修正や見直し，あるいは次の計画策定に影響するといったフィードバック機能を有している。経営管理活動の実際は，その対象となる業務執行を含む，計画 → 執行 → 統制というサイクルが繰り返し実施されているものであり，執行をも含めたサイクルとして考察することが現実的となる。このサイクルのことを，一般にマネジメント・サイクルという。このマネジメント・サイクルの考え方は，物事を効率的に遂行するための1つの手法ということで，行政の場や個人の学習・成長のためなど，ビジネス以外の領域においても応用されており，計画 → 執行 → 監視という意味での Plan → Do → See（PDS サイクル）や，計画 → 執行 → 評価 → 改善措置という意味での Plan → Do → Check → Action（PDCA サイクル）というように表現される場合もある。経営管理者等に対して企業の計画と統制に有用な会計情報を作成・伝達する領域である管理会計は，このようなマネジメント・サイクルに対応した会計情報を提供するものであり，企業の利益獲得にとって重要な機能を果たすものとなる。

3 企業のマネジメント・サイクルと会計情報

（1）会計情報のタイプ

　企業は基幹業務活動を遂行することによって利益獲得を目指しているが，実際の企業活動は計画と統制という経営管理活動を含めたマネジメント・サイクルとして展開されており，会計情報はそのマネジメント・サイクルの各局面に対応して，計画局面に対応する計画情報，業務執行局面に対応する実績情報，統制局面に対応する統制情報の3つのタイプから構成される。

　① 計画情報

　計画情報とは将来を指向した情報であり，業務執行の指針となる目標値あるいは制約値となる会計情報である。代表的な計画情報には利益計画数値や予算数値があり，目標利益や売上予算などは達成すべき目標値であり，製造原価予算や経費予算などはそれを超えてはならないという制約値として機能するものである。総合的な期間計画の策定および予算編成以前の損益分岐点分析情報や，各種個別計画立案における設備投資の経済性評価に関する情報など，企業の将来の方向性にかかわる意思決定を支援するための会計情報も計画情報である。このことから，計画情報は意思決定情報（decision-making information）と表現されることもある。

　② 実績情報

　実績情報とは実際に生じた事実にもとづく会計情報であり，過去を指向した情報である。代表的な実績情報は，貸借対照表，損益計算書，製造原価報告書といった実際財務諸表である。実績情報は財務会計の要請にも応えるための会計情報であり，企業会計基準等に準拠して処理され，決算期末において公表財務諸表が作成される。しかし，経営管理者が業績を把握することは企業経営上不可欠なことであり，管理会計目的からも統制活動を実施するためには実績の把握が前提

となる。管理会計目的からは，財務諸表あるいは試算表といった要約結果および一定期間ごとの情報だけではなく，詳細かつタイムリーな実績情報が要求される。企業活動を対象に会計測定過程を通じて記録した結果ということから，実績情報は実績記録情報（score-keeping information）と表現されることもある。

③　統制情報

統制情報とは，目標値と実績値との差異として把握される会計情報である。代表的な統制情報には目標値である予算と実績値とを対比して表示する予算実績対比表があり，経営管理者に対して差異を縮小するために，現在の企業活動の是正を促すものである。その意味では，現在時点を指向する情報である。目標の達成度を示す情報でもあるため，各階層の経営管理者の業績評価手段として利用されることもある。目標を達成するための是正措置へと結びつけ，業績評価を通じて経営管理者自身に対する業績改善の動機付けとなるということから，統制情報は経営管理者の注意を喚起する情報（attention-directing information）と表現されることもある。

（2）会計システムと会計情報

企業活動は経営管理活動を含むマネジメント・サイクルとして展開されており，会計情報は計画局面においては計画情報として，業務執行局面においては実績情報として，そして統制局面では統制情報として活用されている。マネジメント・サイクルが効果的に実施されるためには，各局面が相互に有機的な関係を持つ必要があり，それを具体的に支援するものが計画，実績，統制の各々の会計情報およびそれらを産出するためのデータ処理システムの存在である。ある局面におけるデータ処理システムが，他の局面のデータを直接または間接的に相互に活用することによって，会計情報の整合性が維持され，そのことが結果として，各局面の有機的な関係を支えることとなる。各局面におけるデータ処理システムによって産出されるデータが相互活用されることは，それらをサブシステムとするマネジメント・サイクルに対応した1つの全体システムが形成されることを意味する。本書では，このようなマネジメント・サイクルの局面に対応した計画情報，実績情報，統制情報を産出する目的のもとで，それらの情報を産出するためのサブシステムから構成される全体システムを会計システム（accounting systems）と呼ぶ。図表1 - 19は，次章以降にて，主たる考察対象となる取引処理システムを中心とする会計システムの枠組みを示したものである。

①　取引処理システム

業務執行局面におけるデータ処理システムは取引処理システムである。取引処理システムは実際財務諸表を産出することを目的として完結する1つのシステムであるが，同時に企業活動全般に有効な実績としての会計情報を産出する機能を持つサブシステムとして機能している。実際財務諸表は，企業活動の結果として広く公表されると同時に，経営管理者の業績把握のために利用され，詳細かつタイムリーな実績情報は日々の業務管理にも利用される。また，取引処理システムが産出する実績情報は統制情報産出のためのデータ処理システムで利用され，また，次年度の利益計画作成や予算編成のために計画局面においても活用される。業務執行局面における取引処理システムは，会計システムの中核として実績情報を提供することによって，財務会計と管理会

図表1－19　マネジメント・サイクルと会計サブシステム

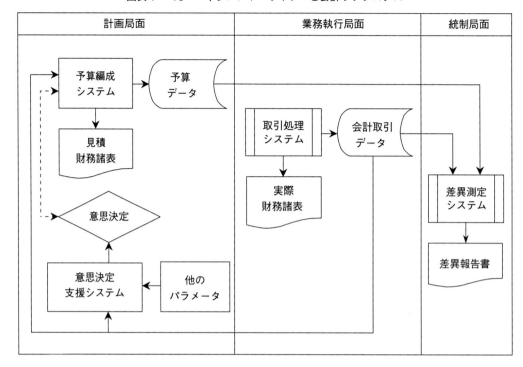

計の双方の要請に応えるものとして機能している。

②　予算編成システムと意思決定支援システム

　計画局面における主なデータ処理システムは，予算編成システム（budgeting system）と意思決定支援システム（Decision Support System：DSS）などがある。予算編成システムとは，各種予算の編成を支援し，見積財務諸表を産出するためのデータ処理システムであり，意思決定支援システムとは，予算編成に必要な意思決定を支援するためのデータ処理システムである。両システムの共通の特徴は，どちらも取引処理システムにより産出される実績情報をデータとして利用するが，アウトプットである見積財務諸表や意思決定情報を産出するための処理手順は必ずしも構造化されない。個別の予算編成プロセス，目標利益確定のための損益分岐点シミュレーション，設備投資の経済性評価など，処理手続きには一定のルールや計算技法が明らかな部分もあるが，予測や一定の条件を前提とすることが含まれるなど，最終的な情報の決定に至るには，経営管理者の試行錯誤および判断が多分に介在することとなる。

③　業績評価会計システム

　統制局面におけるデータ処理システムは，業績評価会計システム（差異測定システム）であり，計画情報と実績情報との差異としての統制情報を産出する。業績評価会計システムでは，予算編成システムから産出された予算と，取引処理システムで把握された実績との単純な差異を産出するため，差異報告書の処理手順は構造化され，そして自動化される。単純に予算と実績を対比する予算実績差異報告システムや，差異情報を経営管理者の階層や責任範囲に対応させて作成する責任会計システム（responsibility accounting system）などがこの業績評価会計システムに相当する。

統制情報によって執行局面への具体的な改善措置が実施され，さらに差異の程度によっては予算の修正が必要となる場合もある。差異情報が，間接的に予算編成システムでも活用されることとなる。

　以上のように，会計システムは，意思決定支援システム，予算編成システム，取引処理システム，そして業績評価会計システムから構成され，それらのシステム間でデータを相互に利用するサイクルを形成している。特に予算編成システム，取引処理システム，業績評価会計システムにおいて相互利用される会計データおよび会計情報は，原則として貨幣尺度を基準とし，取引処理システムの要件としての損益・財産計算を前提に，そこで展開される勘定が測定単位として利用されている。企業の実績は，取引処理システムによって勘定を単位として測定され，明示されるのであるから，その目標値である予算も同一の記録単位を利用して表現されるべきこととなる。そして，同一の記録単位で表現されるからこそ，比較可能となり，その差異が測定され，意味ある情報として活用されるのである。このことでも明らかなように，取引処理システムは会計の本源的機能である企業の実態，実績を明らかにする実績情報を提供するシステムとして，会計システムにおけるコアとなるサブシステムとして位置づけられるものである。

練習問題

設問1−1 企業会計の主要な3つの機能について説明しなさい。

設問1−2 財務会計と管理会計の相違について，企業の存在性格と指導原理の観点を含めて説明しなさい。

設問1−3 取引処理システムと総勘定元帳システムとの関係について説明しなさい。

設問1−4 会計における3つの測定過程について簡単に説明し，複式簿記（手記簿記）とコンピュータによるG/Lシステムにおける会計測定過程の相違について説明しなさい。

設問1−5 会計システムが提供する会計情報のタイプについて説明しなさい。

設問1−6 会計システムを構成するサブシステムの関係について，相互に活用される会計データの観点から説明しなさい。

第**2**章

取引処理システムの基本構造

2−1　取引処理システムの基本形態

1 コンピュータ処理方式

　G/L システム（総勘定元帳システム）は，勘定別の残高確定機能を中心目的としており，仕訳済みデータのインプットを起点とする。だが，仕訳に反映される取引の発生源泉は業務活動にあるので，取引処理システムは各業務サイクルで捕捉される証憑から G/L システムへのデータ供給の手続きをもシステム化の対象に含める。業務サイクルにおけるコンピュータ化の状況は企業によって異なるために，取引処理システムに画一的な構造はないし，コンピュータの配備展開方法や情報技術（information Technology；IT）の相違もその構造に影響する。確かに，データベース（database）やネットワーク・システムなどの情報技術はコンピュータの処理能力や情報管理の方法を変容させ，事務処理の能率（情報産出の生産性）を向上させる重要な要因である。しかし，企業がいかなるコンピュータ処理方式を採用するかは企業の規模，組織形態，情報活用能力などに左右され，情報技術がいくら革新的な進歩を遂げているからといっても，あらゆる企業が同一の取引処理システムを構築するわけではない。

　取引処理システムの構造は，基底にあるコンピュータ処理方式や情報インフラとの関連でいくつかの形態に分類されることになる。コンピュータ処理方式は，事象の発生局面と処理局面のロケーションとタイミングの観点から規定できる。まず，事象の発生とその入力および処理をそれぞれにどこで行うかというロケーションの観点から，コンピュータ処理方式は集中処理（centralized processing）と分散処理（distributed processing）に分類される。さらに，発生したデータをどのようなタイミングで処理するかという観点から，処理方法はバッチ処理（batch processing）とリアルタイム処理（real time processing）に分類される。

（1）集中処理

　企業の業務活動は，購買サイクルと販売サイクルにみられるように，異なる機能の集まりからなる。それらの機能は，企業規模が大きくなるにつれて，機能別に組織された部門単位で遂行される。それらの部門は，同一構内にある場合もあれば，地理的に異なる場所に配置される場合もある。集中処理は，業務それ自体が分割されている場合でも，データ処理上は，企業の局所で捕捉されたデータを1つの場所（コンピュータ）に吸い上げて処理する方式である。各部門で作成された文書上のデータを1カ所で入力し，処理するケースは集中処理の典型である。

（2）分散処理

　分散処理とは，組織的あるいは地理的に分割された各業務部門にコンピュータを配置し，各業務のデータ処理を部門独自に行う方式である。この方式は事象の発生源泉に近い場所での柔軟な業務管理を意図し，もともと他部門のデータ処理システムとは連携しない集中排他的な（decentralized）形態として普及した。その方式のもとでは業務間の機能連鎖を反映した総合的管理が困難となるので，その後，オンライン（online）やネットワークによる通信システム

（communication system）が進歩するにつれて，各業務の独立性を維持しながらも，データ処理システム間の有機的な連携を指向する統合システム（Integrated system）の実現が可能になっている。分散処理の今日的意味は，統合システムの効率的運用を意図した機能細分化と同義に扱われる。

（3）バッチ処理

　バッチ処理とは，データを一定期間もしくは一定量単位で蓄えたあとに，それらのデータを一括処理するデータ処理方式である。これは，コンピュータの出現当初には，技術上の制約から採用を余儀なくされた方式であるが，情報技術が発達した今日でも，緊急性の低い定型処理には経済性の面からも合理的である。例えばG/Lシステムの目的を定期的な財務諸表の産出に限定すれば，当該期間に蓄積された取引データを期末時点に一括処理しても問題はない。バッチ処理は，次に取り上げるリアルタイム処理と同じく，業務の発生時点またはデータ入力時点とデータ処理とのタイミングの観点から分類された処理方式の1つであり，集中処理および分散処理の分類視点とは次元を異にしている。バッチ処理については，集中処理と分散処理のどちらでも採用可能である。

（4）リアルタイム処理

　リアルタイム処理はバッチ処理に対立する方式であり，業務（事象）の発生とほぼ同時にデータを入力・処理し，処理結果を最短時間で利用者に提供することを可能にする方式である。例えば，受注獲得の際に販売担当者が商品の在庫数量を知ろうと思えば，在庫データはつねに最新の状態にある必要があり，そのためには商品の入出庫事象がその変動に応じて即時に更新されていなければならない。これを可能にするにはリアルタイム処理の技術が不可欠となる。それゆえ，購買業務と販売業務が機能分割されるような分散処理環境では，例外なくオンラインまたはネットワークによる通信回線が介在する。即時処理といってもその時間の長短は相対的であるが，鉄道の座席予約システムや銀行の現金自動支払システムにみられるように，今日の技術は瞬時の応答を可能にしている。他方，比較的規模の大きい企業における集中処理環境のもとでは，あらゆる処理機能が1カ所に集中し，処理結果の利用者（利用部門）への応答に比較的長い時間を要することから，リアルタイム処理の実現は困難である。

2 取引処理システムの形態

　取引処理システムの形態は，その処理を担う技術だけに着目すれば，図表2－1に示すように，コンピュータ処理方式の組合せによって決まる。本書では，集中処理とバッチ処理との組合せから構造化される取引処理システムを独立型（stand-alone type），分散処理とバッチ処理との組合せを準統合型（semi-integrated type），そして，分散処理とリアルタイム処理との組合せを統合型（integrated type）と呼ぶことにする。

図表2－1　コンピュータ処理方式と取引処理システムの形態

（1）独立型取引処理システム

　独立型取引処理システムとは，業務サイクル側のデータ処理とG/Lシステムとが，データの連携上，物理的に切り離された構造をいう。図表2－2は，業務サイクルで捕捉される個別文書が会計伝票の形式でG/Lシステムに引き渡され，G/Lシステム側では少なくとも仕訳を記載した会計伝票にもとづいて取引を入力するという，典型的な独立型の構造を示している。わが国の小規模法人の多くが利用している会計パッケージ・ソフトは，ディスプレイ上に再構成された会計伝票にもとづく入力方法を採用しており，基本的には独立型を指向している。

　独立型取引処理システムにおいても，業務サイクル側での業務処理がまったくコンピュータ化されないわけではなく，会計伝票を業務サイクル側でコンピュータにより作成する場合もある。しかし，独立型は業務サイクルでのデータが電子データとしてG/Lシステムに供給されない状況をいうのであり，作成された会計伝票をG/Lシステム側で再入力する必要があって，会計伝票作成までのコンピュータ処理が個別業務管理とは関係を持たないならば，その形態は独立型にあてはまる。そうした環境では会計帳簿の一括産出は避けられず，取引処理システムがG/Lシステムのみで完結する。

図表2－2　独立型取引処理システムの枠組み

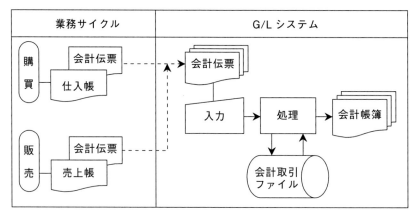

（2）準統合型取引処理システム

　準統合型取引処理システムは，業務サイクル側でもコンピュータによって業務を分散処理し，G/Lシステムに電子データを供給するが，G/Lシステム側での処理がバッチ処理であるという

図表２－３　準統合型取引処理システムの枠組み

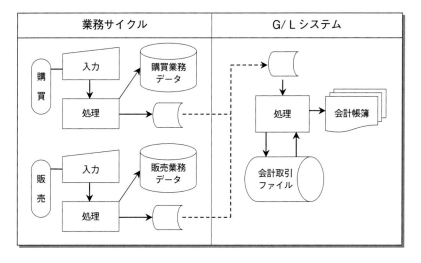

特徴を有する。図表２－３は，業務サイクル側でG/Lシステムに必要なデータをファイルに格納し，それをG/Lシステム側に送信するオンライン環境の構造を示している。これによりG/Lシステム側ではデータ入力の必要はないが，財務諸表作成のために取引処理システム全体のどこかで仕訳に対応しなければならないことになる。

　仕訳への対応にはおもに２つの方法がある。１つは，業務サイクル側では未加工の業務データを準備し，G/Lシステム側でコンピュータ・プログラムによる自動仕訳をほどこすという方法である。もう１つは，業務サイクル側で手作業による仕訳もしくは自動仕訳をほどこし，会計取引ファイルの構成と合致するデータ内容を送付する方法である。いずれの方法でも，通常，売上高や売掛金は業務における管理情報として業務サイクル側で分散的に産出され，G/Lシステムには全社的な会計帳簿の産出に足りる一定期間の要約データだけが送付される。それらの処理方法は，業務サイクル側で必要なデータをフロッピーディスクなどのデータ記憶媒体に格納し，それをG/Lシステム側に引き渡すようなオフライン（offline）環境の企業にもみられる。

　それらの環境では，確かに業務サイクル側からG/Lシステム側への物理的なデータ連携が整備され，システムの視点から一定の統合性を認識することができる。だが，この形態を準統合型と規定するのは，G/Lシステム側から業務サイクル側へとデータが供給されないか，供給されたとしても一定の時間間隔をおくことが避けられないからである。すなわち，G/Lシステムの機能範囲は，要約された会計情報の産出に限定され，とりわけ，損益情報を日常的な業務管理に積極的に役立てようとする業務サイクルとの有機的統合性を実現するのは困難である。

（3）統合型取引処理システム

　統合型取引処理システムとは，業務サイクル側のデータ処理システムとG/Lシステムとのあいだに，通信回線によるデータ連携が完備された一体型システムをいう。各業務に関連して局所的に把握される売上高や売掛金などの管理情報を分散処理し，業務サイクル側とG/Lシステム側とのあいだに自動仕訳を介する点は準統合型取引処理システムと同じである。しかし，統合

型取引処理システムが業務サイクル側のデータ処理システムと G/L システムとを包括したシステムである点を強調すれば，それらのシステムは全社的に総合された業務データを共用すること（データベースを活用すること）が最大の特徴である。これは，業務サイクル側から G/L システム側に対して，財務諸表作成目的の部分データを特定時点に供給する準統合型取引処理システムとは異なる。

　図表2－4は，統合型取引処理システムの理想的なフローチャートである。そこに示された統合形態を可能にする情報技術は，ネットワーク・システムとデータベースにほかならない。ネットワーク・システムは企業の構内または広域的に配備展開されたコンピュータ同士を相互に結合し，データベースは分散的に捕捉される明細データを有機的に関連づけて管理することを可能にする。それら2つの情報技術を有効に活用することで，部門あるいは職能（業務）を横断したリアルタイムのデータ処理が実現する。このような統合型取引処理システムでは，G/L システム側における勘定残高が業務データの入力とほぼ同時に確定されるために，財務諸表のタイムリーな産出が可能となる。さらに，各業務サイクルで個別に把握される貨幣価値情報（例えば売上高情報）に加えて，G/L システムの勘定機構を通過した損益情報が日常的に業務サイクル側に提供され，業務管理への効率的支援を可能にする基盤が整う。今日のクライアント・サーバー（C/S）を配備したネットワーク・システムの環境で，このような情報処理が可能となるとき，統合型取引処理システムは企業統合システム（Enterprise Resource Planning：ERP）の基礎を構成する。

図表2－4　統合型取引処理システムの枠組み

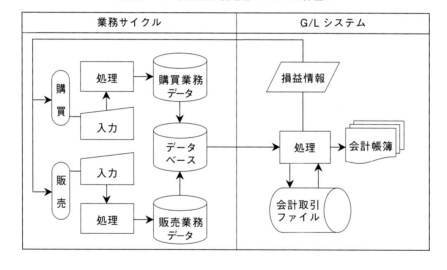

③ 取引処理システムの形態と損益計算方法

　取引処理システムの形態をコンピュータ処理方式という技術的観点から分類すると，その技術水準の相違は会計の本来的課題である損益計算の方法にも影響をおよぼす。売上高と売上原価の差額である売上利益（売上総利益）の算定方法にも，独立型取引処理システムに典型的な方法と，統合型取引処理システムに適用可能な方法がある。売上利益の計算基礎となる売上原価の決定は棚卸資産評価と密接に関連する。棚卸資産評価の方法には棚卸計算法（periodic inventory method）

と継続記録法（perpetual inventory method）の２つがある。棚卸計算法は独立型に適し，継続記録法は統合型に適している。コンピュータ処理方式が情報技術の進化を反映していると考えれば，取引処理システムも独立型から統合型へと進化の途をたどってきたと理解できる。しかし従来，取引処理システムの形態と棚卸資産評価方法との適合性が指摘されたことは少なく，日本の実務は取引処理システムの形態とは無関係に，棚卸計算法による損益計算方法を採用してきた傾向がみられる。

（1）棚卸計算法による損益計算方法

　棚卸計算法は，日常的な商品売買取引による商品の数量増減をそのつど記録せず，期末の実地棚卸により商品の数量有高（期末商品棚卸数量）を確定したうえで，これに期末単価を乗じて計算される期末商品棚卸高にもとづいて，次式から売上原価を算定する方法である。

　　売上原価 ＝ 期首商品棚卸高 ＋ 当期純仕入高 － 期末商品棚卸高

　この場合，期中の販売数量を記録せずとも売上利益を期末時点で把握できるため，取引処理システムの目的を決算目的あるいは財務諸表作成目的に限定するかぎり，棚卸計算法を採用することに何ら支障はない。棚卸計算法は，むしろ独立型取引処理システムのように業務処理とG/Lシステムが遮断された環境において実効的であるといえる。独立型取引処理システムは仕訳済みデータの入力を起点とすることから，上記の計算式をコンピュータの演算プログラムに反映するためには，上記の計算式にある計算要素を勘定として仕訳に用いる必要がある。棚卸計算法をコンピュータに適応する際には，伝統的に以下の仕訳を採用する。

【期中購買】
　　（借方）仕　　入　　高　×××　　（貸方）買　　掛　　金　×××
【期中販売】
　　（借方）売　　掛　　金　×××　　（貸方）売　　上　　高　×××
【期末実地棚卸】
　　（借方）期首商品棚卸高　×××　　（貸方）商　　　　　品　×××
　　（借方）商　　　　　品　×××　　（貸方）期末商品棚卸高　×××

　この仕訳方法は，決算時に損益計算書上の売上総利益を算定・表示し，同時に貸借対照表上の商品残高を確定するのに必要となる勘定が売上高，仕入高，商品，期首商品棚卸高，期末商品棚卸高の５つであることから，５勘定法と呼ばれる。５勘定法は，期中の商品売買取引の記録を簡素化し，売上原価を棚卸計算法による計算を通じて把握する点で，手記簿記で伝統的に採用されてきた三分法の派生的方法である（５勘定法の具体的適用は第３章と第４章で取り上げる）。

　現在，わが国のベンダーによって開発され，提供されている小規模法人向け財務会計パッケージ・ソフトのほとんどすべてが５勘定法を採用している。この方法は，コンピュータに入力されるデータ作成を単純化できる利点を持つ反面，売上総利益は実地棚卸後でなければ算定されず，G/Lシステムがリアルタイムな損益情報を提供できないという欠点を有している。また，５勘定法を準統合型もしくは統合型取引処理システムに反映することも可能であるが，自動仕訳の対象

は期中の購買取引と販売取引だけであり，売上原価算定目的の期末実地棚卸高は手入力となる。特に統合型取引処理システムにおいて5勘定法を適用すると，分散処理とリアルタイム処理の技術的利点を効果的に活用することは事実上不可能である。

（2）継続記録法による損益計算方法

継続記録法は，日常的な商品売買取引が生じたつど，商品の増減を数量と金額の両面から捕捉する方法である。伝統的な手記簿記では，商品の増減は，商品有高帳を設けることによって，先入先出法や移動平均法などの方法で記録される。商品有高帳は商品の増減を商品別に管理できる効果を有するが，その基礎となる詳細データは購買業務および販売業務にそれぞれ対応する仕入帳および売上帳で記録される。仕入帳と売上帳における詳細データは，購買部門と販売部門において業務の発生時点で個別に記録される。このような記録手続きは記帳分業制度（分課制度）として知られるように，継続記録法はもともと分散処理を前提としてきた。

継続記録法の最も重要な特徴は，販売活動（出荷業務）に伴う商品減少分（消費分）に相当する売上原価（払出単価）を商品別に把握することができる点である。この特徴をいかそうとすれば，以下に示す売上原価対立法による仕訳の適用が妥当である。

【期中購買：検収段階】

（借方）商　品（名）　×××　　　　（貸方）買　掛　金　×××

【期中販売：出荷段階】

（借方）売　掛　金　×××　　　　（貸方）売　上　高　×××

（借方）売　上　原　価　×××　　　　（貸方）商　品（名）　×××

取引処理システムにおける売上原価対立法の効果は3つに集約できる。第1の効果は，購買サイクルおよび販売サイクルにおける具体的業務による会計事実が，その業務のつど会計測定ルールに準じて直接的に勘定機構に写像される点である（第1章，図表1－12を参照されたい）。特に，売上原価と売上利益は販売サイクルにおける出荷段階で商品別に把握され，期末の実地棚卸を待つ必要はない。

第2の効果は，個別業務部門での業務データの捕捉が前提となることから，分散処理方式のコンピュータ環境に適している点である。この場合，購買サイクルと販売サイクルとを連動させる商品の流れを直接的に把握するために，継続記録法の演算を組み込んだ在庫管理機能が必要になるが，売上原価対立法は準統合型および統合型取引処理システムに適用可能である。その際の自動仕訳をめぐるデータの関係は図表2－5のようである。今日の統合システムにみられる通信技術やPOSシステム（Point Of Sales System）に代表されるバーコード技術あるいはQRコード技術を活用することで，売上原価対立法を適用できる企業は増大している。

第3の効果は統合型取引処理システムに典型的な効果であるが，データベースやネットワーク・システムの技術環境のもとで，販売業務の発生とほぼ同時に売上利益を把握できることに加えて，全社的損益情報はもとより商品別，部門別，担当者別あるいは得意先別の損益情報をリアルタイムに業務サイクル側にフィードバックすることができる点である。これにより，取引処理システムが単なる財務諸表作成機能から，損益情報を基礎とする業務管理機能へとその機能を拡

図表 2 － 5　売上原価対立法を可能にする自動仕訳

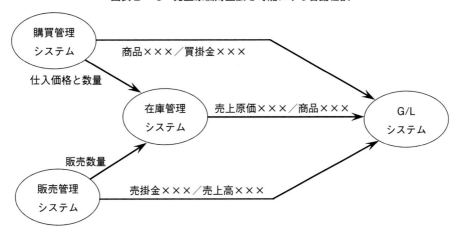

張することができる。ちなみに，ERP ソフトと呼ばれる統合ビジネス・ソフトの多くは売上原価対立法を適用している（売上原価対立法の具体的適用については第 5 章で取り上げる）。

2－2　取引処理システムのファイル構成

1 独立型取引処理システムのデータ・フロー

　G/L システムの大きな特徴は，財務諸表に加えて仕訳帳，総勘定元帳，試算表といった異なる会計帳簿を共通の会計取引ファイルから自動産出することである。技術的には，いずれの会計帳簿も同一の取引データを異なる形式に変換した表示物として同格に扱われる。これは，各種会計帳簿を産出可能にするデータが，会計取引ファイルに網羅的に格納されなければならないことを意味する。

　G/L システムの場合，財務諸表の内容はその時点での会計取引ファイルの内容によって決まり，会計ファイルの内容は日常の業務活動で捕捉される取引データのインプットにより変化する。結局，企業活動の状態は，G/L システムにおける会計取引ファイルのデータ内容に依存して決定される。各種会計帳簿を自動的に産出できるよう G/L システムの処理手順を構造化するということは，会計帳簿の内容を満たすための演算プログラムや編集プログラムを含むデータ・フローを定義することに等しい。

（1）会計取引ファイルの構成

　G/L システムが財務諸表の産出を可能にするには，データ入力局面（取引の記録過程）において，手記簿記で作成される会計伝票または仕訳帳と同様の項目を入力対象としなければならない。図表 2 － 6 の取引例にもとづく会計取引ファイルの内容が図表 2 － 7 および 2 － 8 に視覚的に表現されている。その 1 行目にある「取引 ID」，「日付」，「勘定コード」，「貸借」および「金額」の諸項目は入力されるデータの意味を表しており，会計事実を反映する属性（attribute）として会計取引ファイルに含められるべき最小限のデータ項目（data-item）である。一般にデータ・ファ

図表2-6　商品売買に関する取引例

```
┌─────────────────────────────────────────────────────────────────┐
│ 【4月1日：期首商品棚卸高】              【4月25日：購買】                │
│ A部門　　@40円　　20個　　　800円       B部門　　@50円　　25個　　1,250円   │
│ B部門　　@40円　　10個　　　400円                                      │
│                                                                     │
│ 【4月5日：購買】                       【4月30日：得意先乙社へ販売】        │
│ A部門　　@50円　　20個　　1,000円       B部門　　@80円　　10個　　　800円   │
│ B部門　　@50円　　10個　　　500円                                      │
│                                                                     │
│ 【4月10日：得意先甲社へ販売】            【4月30日：4月15日売掛金回収】       │
│ A部門　　@100円　　20個　　2,000円      現　金　　　　　　　　　　　1,200円  │
│                                                                     │
│ 【4月15日：得意先乙社へ販売】                                           │
│ B部門　　@80円　　15個　　1,200円                                      │
└─────────────────────────────────────────────────────────────────┘
```

イルを表形式で概念化した場合，1つ以上のデータ項目からなる1行をレコード（record）といい，1つ以上のレコードの集合をファイルという。レコードに格納されるデータ項目同士は相互に関連づけられる。

　独立型取引処理システムでは，それらのデータ項目はディスプレイ上で入力を要求される。そこで入力されたデータは会計取引ファイルに格納される。1つの会計取引の記録には借方，貸方双方に少なくとも1つの勘定が必要になる。図表2-7および2-8に示した会計取引ファイルは，貸借区分をともなって1行に1つの勘定を設けており，その勘定に金額を結びつけて1つのレコードを構成している。この例では貸借1組の仕訳を「取引ID」により関連づけて，2つのレコード（2行）に格納している。このように，会計取引ファイルは，勘定ごとに価値変動（金額データ）を集約するための取引の分類機能をすでに予定した構成になっている。

（2）主要簿へのデータ・フロー

　図表2-7は，会計取引ファイルから合計残高試算表（貸借対照表および損益計算書）を産出するためのデータ・フローを示している。ここでは，現金および売掛金の期首残高がそれぞれ5,000円と2,000円（甲社，乙社とも1,000円）であると仮定し，売上原価の算定は棚卸計算法（商品の期末実地棚卸数量は40個，期末単価は50円と仮定），商品売買取引の仕訳は5勘定法によっている。図中に示される各勘定の期末残高と売上原価および売上総利益の計算は，G/Lシステムの演算プログラムに定義される。よって，会計取引ファイルの格納されたデータを演算プログラムに提供するには，すべての勘定について，その金額データを会計取引ファイルから貸借別に検索し，貸借ごとにその合計を計算する必要がある。図中では，貸借対照表における売掛金勘定に関する金額データ・フローが例示されている。その自動化プロセスにおいて，勘定コード（account code）は勘定別の検索にとっての検索キー（検索のための条件）になるだけでなく，帳簿上の表示場所の特定にも不可欠となる。

　図表2-8は，会計取引ファイルから総勘定元帳を自動産出するためのデータ・フローを示している。手記簿記では，総勘定元帳は財務諸表の産出に至る過程での中間帳簿であり，その後の試算表と財務諸表を誘導可能にする勘定および金額を含んでいる。それゆえコンピュータ環境では，合計残高試算表があらゆる取引の勘定に金額を結びつけた会計取引ファイルにもとづいて産

図表 2 － 7　会計取引ファイルと試算表との関係

【 会計取引ファイル 】

取引ID	日付	勘定コード	貸借	金額
20001	0405	615	借方	1,500
20001	0405	315	貸方	1,500
20002	0410	155	借方	2,000
20002	0410	510	貸方	2,000
20003	0415	155	借方	1,200
20003	0415	510	貸方	1,200
20004	0425	615	借方	1,250
20004	0425	315	貸方	1,250
20005	0430	155	借方	800
20005	0430	510	貸方	800
20006	0430	110	借方	1,200
20006	0430	155	貸方	1,200
20007	0430	610	借方	1,200
20007	0430	170	貸方	1,200
20008	0430	170	借方	2,000
20008	0430	620	貸方	2,000

【 合計残高試算表 】

[貸借対照表　20X0年4月30日]

コード	勘定科目	期首残高	借方金額	貸方金額	当月残高
	【 当 座 資 産 】				
110	現金	5,000	1,200	0	6,200
155	売掛金	2,000	4,000	1,200	4,800
	当座資産計	7,000	5,200	1,200	11,000
	【 棚 卸 資 産 】				
170	商品	1,200	2,000	1,200	2,000
	棚卸資産計	1,200	2,000	1,200	2,000

期首残高＋借方金額－貸方金額
（費用勘定も同じ）

[損益計算書20X0年4月1日～4月30日]

コード	勘定科目	期首残高	借方金額	貸方金額	当月残高
	【 売 上 高 】				
510	売上高	0	0	4,000	4,000
	純売上高	0	0	4,000	4,000
	【 売 上 原 価 】				
610	期首商品棚卸高	0	1,200	0	1,200
615	仕入高	0	2,750	0	2,750
620	期末商品棚卸高	0	0	2,000	2,000
	売上原価	0	3,950	2,000	1,950
	売上総利益	0	0	2,050	2,050

期首残高－借方金額＋貸方金額（負債・資本勘定も同じ）

棚卸計算法による売上原価算定の演算が集計のつど実行される

図表2－8　会計取引ファイルと総勘定元帳との関係

【 会計取引ファイル 】

取引ID	日付	勘定コード	貸借	金額
20001	0405	615	借方	1,500
20001	0405	315	貸方	1,500
20002	0410	155	借方	2,000
20002	0410	510	貸方	2,000
20003	0415	155	借方	1,200
20003	0415	510	貸方	1,200
20004	0425	615	借方	1,250
20004	0425	315	貸方	1,250
20005	0430	155	借方	800
20005	0430	510	貸方	800
20006	0430	110	借方	1,200
20006	0430	155	貸方	1,200
20007	0430	610	借方	1,200
20007	0430	170	貸方	1,200
20008	0430	170	借方	2,000
20008	0430	620	貸方	2,000

当該勘定および相手勘定の検索・日付順ソート・明細表示

【 総勘定元帳 】

［155 売掛金］

日付	コード	相手勘定科目	借方金額	貸方金額	残　高
0401		前期繰越	2,000	0	2,000
0410	510	売上高	2,000	0	4,000
0415	510	売上高	1,200	0	5,200
0430	510	売上高	800	0	6,000
0430	110	現金	0	1,200	4,800

［510 売上高］

日付	コード	相手勘定科目	借方金額	貸方金額	残　高
0401		前期繰越	0	0	0
0410	155	売掛金	0	2,000	2,000
0415	155	売掛金	0	1,200	3,200
0430	155	売掛金	0	800	4,000

直前残高－借方金額＋貸方金額
（負債・資本勘定も同じ）

［110 現　金］

日付	コード	相手勘定科目	借方金額	貸方金額	残　高
0401		前期繰越	5,000	0	5,000
0430	155	売掛金	1,200	0	6,200

直前残高＋借方金額－貸方金額
（費用勘定も同じ）

出できるならば，総勘定元帳も同じ会計取引ファイルから産出可能となる。合計残高試算表と総勘定元帳との相違は，合計残高試算表では総括的な帳簿にすべての勘定の合計値が表示されるのにたいし，総勘定元帳では発生した取引明細と残高が勘定別に計算され，表示されることである。

　また，図表2－8には，売掛金勘定に関連する元帳を産出するまでのデータ・フローを例示している。売掛金元帳の産出を可能にするには，会計取引ファイルから売掛金勘定を含むレコードと，仕訳における相手勘定を同時に検索する必要があるが，相手勘定の検索に「取引ID」は不可欠である。また，当該取引の発生順にその明細を表示し，残高をそのつど正当に計算するために，日付によるソーティング（sorting）が必要になる。それら一連の自動化プロセスにおいても，会計取引ファイルにおいて中心的なデータ項目となるのは「勘定コード」にほかならない。

　なお，図表2－7および2－8のように，会計取引ファイルに勘定科目名がなくても帳簿に勘定科目名が表示されるのは，勘定科目名を定義した勘定マスターファイルをあらかじめ作成しておき，帳簿の産出時において勘定コードと1対1に対応した勘定科目名を勘定マスターファイルから参照するためである。実務的には，勘定マスターファイルは勘定コードに対応する勘定科目名を確認する目的で，データ入力時にも参照され，勘定科目名はそのつど画面表示されるのが普通である（勘定マスターファイルの具体的適用は第3章と第4章で取り上げる）。

② 統合システム環境のファイル構成とデータ・フロー

　業務サイクル側のデータ処理システムとG/Lシステムとの連携を意図する取引処理システムには，前述したように準統合型取引処理システムと統合型取引処理システムがある。いずれのタイプにおいても，業務ファイルから会計取引ファイルを生成するのに必要なデータを抽出するプロセスが問題となる。なぜなら，財務諸表の作成はG/Lシステムに固有の機能であり，会計取引ファイル生成以降のプロセスは基本的に独立型取引処理システムと同じだからである。そこで以下では，統合型取引処理システムを想定して，図表2－6の取引例にもとづき，購買サイクルと販売サイクルにおいて捕捉される業務データから会計取引ファイルに至るデータ・フローの概念を示す。

　図表2－9は，図表2－6の取引例における取引を，業務サイクルにおける購買ファイル，販売ファイルおよび回収ファイルに格納し，それらの業務データをもとにしてコンピュータ内部で自動仕訳をほどこしたあと，その結果を会計取引ファイルに格納するまでのプロセスを示している。自動仕訳処理は通常，あらかじめ定義された取引のタイプに対応した仕訳テーブル（仕訳辞書）から，具体的な業務データにもとづいて該当する仕訳パターンを自動選択する。したがって，いまの取引例を前提とする統合システム環境では，それらの3つの業務ファイルへの入力が全体システムの起点となり，その後のプロセスはプログラムにより自動化される。各業務ファイルのデータ項目からわかるように，入力内容は基本的に納品書，請求書などの証憑から捕捉される詳細項目であり，勘定は存在しない。その点で，入力局面において会計上の処理または判断は不要である。

　しかし，会計取引ファイルを生成するプロセスにおいては，自動仕訳以外にも会計上の処理がほどこされる点に留意する必要がある。この例は，継続記録法による棚卸資産評価（移動平均法）

図表 2 - 9 業務データと会計取引ファイルとの関係

【購買ファイル：01】

取引ID	日付	商品	単価	数量	金額
01-20001	0405	001	50	30	1,500
01-20002	0425	001	50	25	1,250

【販売ファイル：02】

取引ID	日付	商品	単価	数量	金額
02-20001	0410	001	100	20	2,000
02-20002	0415	001	80	15	1,200
02-20003	0430	001	80	10	800

【回収ファイル：03】

取引ID	日付	対象取引	方法	金額
03-20001	0430	02-20002	現金	1,200

【在庫ファイル：04】

取引ID	日付	商品	種類	増減	残数	単価
04-20001	0401	001	繰越	0	30	40.0
04-20002	0405	001	購買	30	60	45.0
04-20003	0410	001	販売	(-)20	40	45.0
04-20004	0415	001	販売	(-)15	25	45.0
04-20005	0425	001	購買	25	50	47.5
04-20006	0430	001	販売	(-)10	40	47.5

日付順ソート、数量計算、残高計算、払出単価計算

【会計取引ファイル】

取引ID	日付	勘定	貸借	金額
01-20001	0405	170	借方	1,500
01-20001	0405	315	貸方	1,500
02-20001	0410	155	借方	2,000
02-20001	0410	510	貸方	2,000
02-20001	0410	645	借方	900
04-20003	0410	170	貸方	900
02-20002	0415	155	借方	1,200
02-20002	0415	510	貸方	1,200
04-20004	0415	625	借方	675
04-20004	0415	170	貸方	675
01-20002	0425	170	借方	1,250
01-20002	0425	315	貸方	1,250
02-20003	0430	155	借方	800
02-20003	0430	510	貸方	800
04-20006	0430	645	借方	475
04-20006	0430	170	貸方	475
03-20001	0430	110	借方	1,200
03-20001	0430	155	貸方	1,200

自動仕訳
自動仕訳
自動仕訳
販売数量×払出単価、自動仕訳

と売上原価対立法による仕訳を前提としている（売上原価勘定のコード645）。これを実現するために商品の払出単価計算と費用配分計算（売上原価の計算）がプログラムに定義される。それらの計算をめぐり生成されるデータ・ファイルが在庫ファイルである。在庫ファイルの生成には，購買ファイルと販売ファイルにおける単価（価格）データと数量データが利用され，それらのデータにより算定された払出単価は売上原価算定の基礎となり，自動仕訳の対象となる。このようなプロセスが業務データの捕捉から財務諸表産出に至る全体システムに機能することは，業務データの入力時点では会計上の判断が不要であるとはいえ，業務ファイルの構成定義において会計上の処理をすでに予定していることを意味している。

　ところで，統合システム環境でも，G/L機能が会計取引ファイルの勘定を中心にして会計帳簿を作成するプロセスや，データ・ファイルの内容がアウトプットを規定する点は独立型取引処理システムと変わりはない。ゆえに，売上原価対立法を適用すると，仕訳に使用されない仕入，期首商品棚卸高および期末商品棚卸高の諸勘定は損益計算書にも記載されないことになる。売上原価対立法を適用するパッケージ・ソフトでは，損益計算書において，自動仕訳によって計上される売上原価勘定のみが売上高に対応表示される。そのような様式は，日本の有価証券報告書に公表される損益計算書に対応している。

2-3　会計帳簿の細分化

1 勘定コードの役割

　いかなるタイプの取引処理システムでも，財務諸表の産出にはG/Lシステムにおいて生成される会計取引ファイルが重要な役割を担っている。これまでの解説にも示したように，会計取引ファイルを構成するレコード内の金額は，他のすべてのデータ項目と結びついて任意の会計帳簿に記載もしくは反映される。しかし，例えば，合計残高試算表（財務諸表）と総勘定元帳は，ともに同一の会計取引ファイルを共用するとはいえ，前者に記載されている金額は集約値であり後者では明細値であるというように，会計帳簿によって金額は異なる。会計帳簿の種類に応じて金額の内容を正しく計算・表示するプログラムを合理化するためには，会計取引ファイルのデータ項目の中でも勘定コードが最も重要になる。勘定コードのおもな役割は以下の2つである。

（1）検索キーとしての役割

　プログラムにおいて勘定コードは勘定科目名に代わるデータの1つである。勘定コードは，金額データのように演算対象になるのではなく，会計取引ファイルの中から演算に必要な金額データを含むレコードを検索するのに利用される。合計残高試算表にしても総勘定元帳にしても，それらの作成（産出）プログラムでは，特定勘定の金額に対する一連の演算または表示を1つの作業局面，すなわちルーチン（routine）として処理し，会計帳簿の目的に応じてそのルーチンを必要な勘定の分だけ繰り返す。合計残高試算表の場合には特定勘定の貸借合計および残高計算が1ルーチンであり，総勘定元帳の場合には特定勘定の明細表示および残高計算・表示が1ルーチンである。

（2）勘定組織としての役割

　勘定コードは勘定科目名と１対１の対応関係で定義される。この関連づけ自体は，データ入力局面や会計帳簿の産出局面において，勘定コードに対応する勘定科目名を特定するだけの役割でしかない。勘定コードがプログラムの合理性を保証するという観点からすれば，勘定コード（番号）そのものが意味を有している点に意義がある。端的にいって，勘定コードは企業の勘定組織を反映している。詳細は第３章（図表3－5）で述べられているのでここでは割愛するが，勘定コードは当該勘定が属するカテゴリーを規定するように設計されるのが普通である。

　例えば，３桁の勘定コードを想定した場合，最初の桁（百の位）は資産，負債，資本，収益，費用という大分類を規定し，次の桁（十の位）は資産であれば流動資産，固定資産などの中分類を規定する。このような設計方法はブロック・コード化と呼ばれる。ブロック・コード化が有効となる場面は２つある。第１に，会計取引ファイルの貸借区分と勘定コードが組み合わされることによって演算が正当に行われる点である。例えば，資産に属する勘定コードが借方で記録されればそのレコードの金額は加算対象になり，貸方で記録されれば減算対象になる。第２に，任意の勘定が属するカテゴリーに対して当該金額が正当に集計される点である。勘定コードの最後の桁（一の位）で定義されている具体的な勘定科目，例えば現金勘定は中分類の流動資産に集計され，さらに流動資産は大分類の資産に集計される。このように勘定コードは，会計取引ファイルとプログラムを一定の秩序をもって結びつけるのに効果的である。

２ 補助コードによる会計帳簿の細分化

　勘定コードは，勘定組織上のカテゴリー化によって手記簿記でいう主要簿の産出を効果的に支援することができる。しかし，主要簿上の勘定科目のコードだけでは主要簿以外の会計帳簿を産出できない。主要簿以外の会計帳簿を産出するには，会計取引ファイルに別なデータ項目を設ける必要がある。取引処理システムにおいて想定される会計帳簿は，基本的に，勘定に集計される価値を表明するもので，会計取引ファイルに新たに設けられるデータ項目は単独で機能するのではなく，勘定コードと組み合わされて金額に関連づけられる。ゆえに，新たに設けられるべきデータ項目は，主要簿の産出を支援する勘定コードの補助コードとして位置づけられる。

　補助コードは，勘定コードと組み合わされることにより，いわば特定勘定の内訳科目としての性格を持つ。例えば，ある会社が複数の得意先を有していれば，それらの得意先は売掛金勘定の内訳科目になる。もし，会計取引ファイルにおいて新たに設けられる補助コードに得意先データを格納すれば，売掛金勘定と得意先との組み合わせにより得意先元帳（売掛金明細書）という補助元帳（subsidiary ledger）を産出することが可能である。また，売上高勘定や仕入高勘定のような損益項目にたいして，販売や購買を行った組織内部門を内訳科目として設定すれば部門別の損益計算書を産出することができる。それらの関係をコードならびに金額集計の観点から例示すれば図表2－10のようになる。

　このように，勘定コードに他の視点から補助コードを付帯させると，取引処理システムは，主要簿の範囲を超えて，企業内部に利用可能な会計報告書の産出を可能にする。それらの会計報告書は勘定コードの内訳によって主要簿を細分化した結果にすぎないけれども，取引処理システム

図表 2 − 10　勘定コードと補助コードの関係

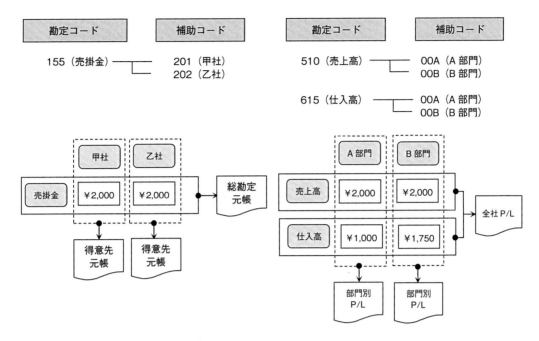

　が扱うことができる情報内容を拡張する点で意義深い。ただ，補助コードを設定すると，それに応じて金額データを分解して捕捉する必要がある。特に統合システム環境では，業務部門における業務データの捕捉段階でこれに対応しなければならない。図表 2 − 11 には独立型取引処理システム（G/L システム）における会計取引ファイルと会計帳簿との関係を示し，また，図表 2 − 12 には統合システム環境における業務データ・ファイルと会計取引ファイルとの関係を示している。

　G/L システムが出力する各種会計帳簿が細分化されると，G/L システムは外部報告目的（財務会計目的）の財務諸表に限定することなく，企業内部の経営管理に役立つ一定の管理会計情報の提供を可能にする。G/L システムの技術的側面に着目すると，会計帳簿の種類を特定するのは会計取引ファイルの属性（データ項目）の種類にほかならない。それゆえ，財務諸表の作成にとって勘定コードが不可欠であるのと同じように，取引先や部門を分類する補助コードを会計取引ファイルの属性として追加する必要がある。財務会計目的の観点からすれば，会計取引ファイルにおいて，金額を貸借別に記録し，取引要素の結合を二重性の原理の観点から規定することによって，コンピュータ・プログラムの的確な演算を通じて貸借平均の原理は保証されることになる。この状態を維持しながら，企業の多様な情報要求に応じて会計帳簿を細分化することで，G/L システムが出力する会計情報は拡張していくことになる。取引処理システムの形態が独立型を指向するにせよ統合型を指向するにせよ，会計情報を特定する主要な要素は，共通に存在する G/L システムにおける会計取引ファイルの構成内容である。

図表2－11　補助コードによる会計帳簿の拡張

【 会計取引ファイル 】

取引ID	日付	勘定コード	補助コード	貸借	金額
20001	0405	615	00A	借方	1,000
20001	0405	615	00B	借方	500
20001	0405	315	101	貸方	1,500
20002	0410	155	201	借方	2,000
20002	0410	510	00A	貸方	2,000
20003	0415	155	202	借方	1,200
20003	0415	510	00B	貸方	1,200
20004	0425	615	00B	借方	1,250
20004	0425	315	101	貸方	1,250
20005	0430	155	202	借方	800
20005	0430	510	00B	貸方	800
20006	0430	110	000	借方	1,200
20006	0430	155	202	貸方	1,200
20007	0430	610	00A	借方	800
20007	0430	610	00B	借方	400
20007	0430	170	000	貸方	1,200
20008	0430	170	000	借方	2,000
20008	0430	620	00A	貸方	1,000
20008	0430	620	00B	貸方	1,000

【 得意先元帳 】
［155-202：売掛金－乙社］

日付	コード	相手勘定科目	借方金額	貸方金額	残　高
0401		前期繰越	1,000	0	1,000
0415	510-00B	売上高－B部門	1,200	0	2,200
0430	510-00B	売上高－B部門	800	0	3,000
0430	110-000	現金－全社	0	1,200	1,800

【 合計残高試算表 】
［損益計算書－B部門 20X0年4月1日～4月30日］

コード	勘定科目	期首残高	借方金額	貸方金額	当月残高
	【 売 上 高 】				
510	売上高	0	0	2,000	2,000
	純売上高	0	0	2,000	2,000
	【 売 上 原 価 】				
610	期首商品棚卸高	0	400	0	400
615	仕入高	0	1,750	0	1,750
620	期末商品棚卸高	0	0	1,000	1,000
	売上原価	0	2,150	1,000	1,150
	売上総利益	0	0	850	850

図表2－12　補助コードをともなう業務データの捕捉

【購買ファイル：01】

取引ID	日付	部門	仕入先	商品	単価	数量	金額
01-20001	405	00A	101	001	50	20	1,000
01-20001	405	00B	101	001	50	10	500
01-20002	425	00B	101	001	50	25	1,250

【販売ファイル：02】

取引ID	日付	部門	得意先	商品	単価	数量	金額
02-20001	410	00A	201	001	100	20	2,000
02-20002	415	00B	202	001	80	15	1200
02-20003	430	00B	202	001	80	10	800

【在庫ファイル：04】

取引ID	日付	部門	商品	種類	増減	残数	単価
04-20001	401	00A	001	繰越	0	20	40.0
04-20001	401	00B	001	繰越	0	10	40.0
04-20002	405	00A	001	購買	20	40	45.0
04-20002	405	00B	001	購買	10	20	45.0
04-20003	410	00A	001	販売	(-)20	20	45.0
:	:	:	:	:	:	:	:

部門別 仕入明細書	商品別 仕入明細書	商品別 在庫レポート	買掛金 ファイル
部門別 売上明細書	商品別 売上明細書	部門別 在庫レポート	売掛金 ファイル

【 会計取引ファイル 】

取引ID	日付	勘定コード	補助コード	貸借	金額
01-20001	0405	170	00A	借方	1,000
01-20001	0405	170	00B	借方	500
01-20001	0405	315	101	貸方	1,500
02-20001	0410	155	201	借方	2,000
02-20001	0410	510	00A	貸方	2,000
04-20003	0410	645	00A	借方	900
04-20003	0410	170	000	貸方	900

練習問題

設問2−1　独立型取引処理システムと準統合型取引処理システムの共通点と相違点を説明しなさい。

設問2−2　商品の売買取引に関する会計処理のうち，3分法と5勘定法の共通点と相違点を明らかにし，コンピュータ会計で一般に5勘定法が採用される理由について説明しなさい。

設問2−3　売上原価対立法を採用する場合の適用条件とその効果について説明しなさい。

設問2−4　5勘定法を用いた場合，リアルタイムな損益情報の産出が困難となる理由について説明しなさい。

設問2−5　総勘定元帳システムにおいて，部門別の財務諸表や得意先別の元帳を産出するためにはどのようなことが必要か説明しなさい。

第 **3** 章

独立型取引処理システムの構造

3-1　独立型取引処理システムの基本構造

1　総勘定元帳システム

　独立型取引処理システムの特徴は，総勘定元帳システム（G/Lシステム）側で仕訳済みの取引データを集中入力し，会計帳簿や財務諸表をバッチ出力することにある。図表3-1は，独立型取引処理システムの構造を示している。業務サイクル側のデータ処理がコンピュータで行われていても，業務データは会計伝票に変換出力され，それを総勘定元帳システム側で入力する。したがって，独立型取引処理システムは，業務サイクル側のデータ処理と総勘定元帳システムとが，データの連携上，物理的に切り離されたオフラインの構造となる。このように，会計伝票の入力から会計帳簿や財務諸表の出力が，総勘定元帳システムにおいて完結する点に着目すると，独立型取引処理システムは総勘定元帳システムそのものであるととらえることができる。

　総勘定元帳システムの最初の処理過程は，各業務サイクルにおいて生成された会計伝票にもとづいて取引データを入力し，会計取引ファイルを更新することである。この処理過程では，勘定マスターファイルに格納されている勘定科目を用いて仕訳済みの取引データを入力し，それを取引の発生順に会計取引ファイルに格納する。会計取引ファイルには，会計帳簿や財務諸表を出力可能にするために，少なくとも伝票番号，取引の日付，勘定科目，貸借区分，取引金額などのデータ項目にしたがってデータを格納する必要がある。

　次の処理過程は，会計帳簿を出力する各プログラムが共通に会計取引ファイルの取引データを検索・演算・編集し，各会計帳簿に変換し出力する。同時に，ここでは，各勘定の当月残高を確定し，それを総勘定元帳マスターファイル（G/Lマスターファイル）に格納し更新する。

図表3-1　独立型取引処理システムの構造

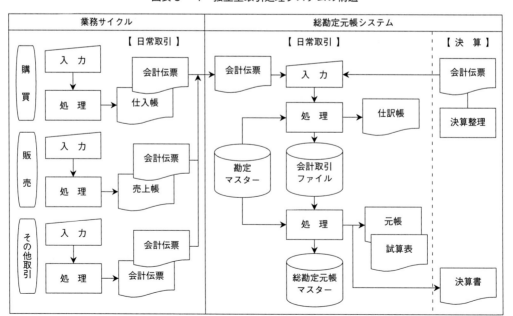

　最後の処理過程は，決算時において決算整理事項にもとづき決算整理仕訳を入力し，最終的に決算書を出力するのと同時に，各勘定別の期末残高を確定し，それをG/Lマスターファイルに格納し更新する。

2 総勘定元帳システムの要件

　総勘定元帳システムは，手記簿記と比較して各帳簿間に手続き上の連動性はない。総勘定元帳システムでは，独立した帳簿出力プログラムによって，会計取引ファイルを共通に入力して各会計帳簿が同時的に出力される点が特徴である。また，手記簿記における一連の手続きによって勘定の残高を確定する総勘定元帳機能は，総勘定元帳システムの構成要素であるデータファイルやプログラムなどによって代替される。しかし，手記簿記と総勘定元帳システムとの間にデータ処理過程やシステムの構成要素に違いがあったとしても，それらのシステムの目的が勘定残高を確定する総勘定元帳機能であることに相違はない。その点で，手記簿記の総勘定元帳機能を遂行するうえで必要不可欠であった取引処理上の要件は，総勘定元帳システムの構成要素の中に何らかの形で反映される必要がある。ここに，取引処理上の要件とは，勘定組織，二重性の原理および貸借平均の原理の3つである。

（1）勘定組織

　取引データは勘定科目によって記録されるが，各勘定の増加，減少および発生をその借方，貸方のどちらに記録するかは，各勘定科目が資産，負債，資本，収益および費用のどのカテゴリーに属するかによって異なる。各勘定科目がどのカテゴリーに属するのかを明らかにするために，勘定組織の定義が総勘定元帳システムの設計において重要である。勘定組織の定義は，勘定マスターファイル上に反映されるが，そこでの課題は勘定科目のコード化である。取引データを勘定科目に割り当て記録し，最終的に財務諸表を出力することを誘導するために勘定コードは重要な役割を担う。

（2）二重性の原理

　会計取引ファイルへの取引データの格納は，1つの取引データを2面的にとらえて，貸借同じ金額をもって記録する二重性の原理にもとづくことが重要である。会計取引ファイルに取引データを入力し格納するには，取引に割り当てられる少なくとも2つ以上の勘定科目に対して，貸借を識別するためのデータ項目を会計取引ファイルの構成上に定義することが必要となる。

（3）貸借平均の原理

　会計取引ファイルにおいて貸借区分のデータを付帯して格納されている取引データは，総勘定元帳機能のデータ処理において借方に記録されたものは借方側，貸方に記録されたものは貸方側でそれぞれ処理されなければならない。これにより，勘定に集計された金額の合計と残高が，借方と貸方で一致する貸借平均の原理が保証される。総勘定元帳システムでは，勘定残高の確定という総勘定元帳機能はプログラムによって行われるので，そこに貸借平均の原理が構成定義され

ることになる。

3 総勘定元帳システム・モデル

（1）モデルの概要

表計算ソフト（Excel）のブックを１つの機能を有するサブシステムとして，さらにそれぞれのワークシートをデータファイル，データ処理プログラムおよび会計帳簿の出力画面と見立てて，総勘定元帳システムのモデルを構築し運用する。

図表３－２は，総勘定元帳システム・モデルを構成するサブシステム間のデータフローを示している。総勘定元帳システム・モデルは，取引入力サブシステム，試算表作成サブシステム，元帳作成サブシステムおよびマスターファイルから構成される。さらに，試算表作成サブシステムは，月次試算表の出力機能と期末試算表の出力機能から構成される。総勘定元帳システム・モデルは，これらのサブシステムが会計取引ファイルやG/Lマスターファイルを介して相互に連携することによって，取引データを財務諸表に変換する目的を達成する。会計取引ファイルには，取引入力サブシステムにおいて入力される日常の取引データや決算整理仕訳を格納する。更新された会計取引ファイルは，試算表作成サブシステムと元帳作成サブシステムに共有され，試算表作成や元帳作成において共通の入力となる。G/Lマスターファイルは，各勘定の月末残高および期末残高を格納する。総勘定元帳システム・モデルでは，試算表作成サブシステムにおいて月次試算表の作成のつど各月末の勘定残高を，また期末試算表の作成において期末の勘定残高をそれぞれ演算し，G/Lマスターファイルを更新する。したがって，当該月の試算表や元帳を作成する場合は，G/Lマスターファイルから各勘定の前月残高を入力する。

図表３－２　総勘定元帳システム・モデルの概要

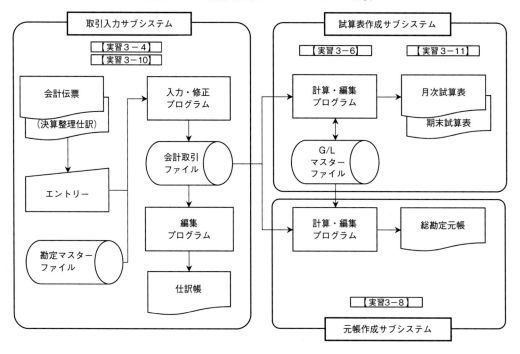

（2）モデルの要件

　総勘定元帳システム・モデルは，巻末（153ページ〜）に記載されている「共通取引モデル」にしたがって取引データを処理する。なお，総勘定元帳システム・モデルの構築および運用にあたっては，次のことを考慮する。

① すべての取引は，本社経理課で仕訳済みデータとして入力を行う。

② 消費税の処理は，税抜経理方式を採用する。

③ 販売取引および購買取引は，商品別ではなく各取引日ごとの合計金額で処理する。

④ 補助元帳は作成しない。当座預金，売掛金，買掛金に関する取引データに口座や取引先のような内訳の入力は行わない。

⑤ 部門別損益計算書は作成しない。部門データは入力せずに全社合計金額での入力を行う。

⑥ 商品の発送にともなう振替取引は処理しない。

⑦ 月次決算は行わない。

3-2　勘定マスターファイルと勘定コード

1 勘定マスターファイルと勘定コードの役割

　総勘定元帳システムが最終的な目的である財務諸表を出力するためには，最初に取引データを勘定に割り当て入力し，会計取引ファイルに格納することが必要である。勘定科目を入力可能とするためには，あらかじめ入力可能な勘定科目を登録した一覧表が必要となる。この一覧表が勘定マスターファイルである。勘定マスターファイルへの登録がない勘定科目は，取引データの入力に用いることは不可能であるから，勘定科目の登録は会計取引ファイルへの勘定科目に関するデータの入力と格納を特定することになる。

　勘定マスターファイルでの勘定科目の登録には，各勘定科目がどのカテゴリーに属するのかを明らかにするため勘定組織の定義が不可欠である。なぜなら，各勘定科目が属するカテゴリーの相違によって，取引に割り当てられる勘定科目の貸借区分が異なるからである。例えば，ある勘定科目の金額の増減は，それが資産または負債に属するのかによって会計取引ファイルに格納される貸借区分のデータが異なるからである。さらに，勘定科目のカテゴリーが異なれば，会計帳簿や財務諸表のデータ処理において，各勘定科目の残高を確定する演算式も異なるからである。勘定マスターファイル上に反映されるべき勘定組織は，勘定科目をコード化した勘定コードに具現化される。そのため，勘定マスターファイルには，少なくとも勘定科目名と1対1の対応関係で定義される勘定コードとが格納されなければならない。

　勘定コードは，勘定科目名に代わってデータ処理の中で会計取引ファイルからある勘定科目を検索したり，あるいはその残高を確定する演算式の適用を特定したりするのに利用され，データ処理を合理的に行うのに寄与する。コード化には事象を識別・分類したりするなどの機能があり，一般的に勘定コードは，ある範囲のコードを分類区分に割り当てるグループ・コードや，コードの各桁に意味を持たせるブロック・コードなどの方法によって勘定組織を定義したコード化がなされている。図表3-3は，ブロック・コード化の例であり，3桁コードでそれぞれの桁

に意味を持たせて現金勘定を「111」というコードで定義している。具体的には，百の桁では資産か負債かといった勘定科目のカテゴリーの大分類を，十の桁では流動資産か固定資産かといった中分類を，一の桁では具体的な勘定科目といった小分類を定義している。

図表3－3　勘定コードのブロック・コード化の例

111＝現　　金		
1××＝資　　産	資産，負債，資本（純資産），収益，費用という大分類を示す	
×1×＝流動資産	資産であれば流動資産，固定資産などの中分類を示す	
××1＝現　　金	具体的勘定科目を示す	

2 マスターファイルの定義

実習 3－1　勘定マスターファイルの設計

【実習の目的】
　勘定マスターファイルは，取引入力サブシステムにおいて取引データを入力する際に参照されたり，各会計帳簿を出力するのに参照されたりする。この実習では，勘定マスターファイルの構成定義を行う。各勘定科目が属するカテゴリーを定義する勘定科目のコード化を行い，勘定科目コードと勘定科目名とを勘定マスターファイルに格納する。
【実習データの準備】
　□　Excel ブック「3_1 マスターファイル」を個人のドライブにダウンロードして，この Excel ブックを開く。

実習3－1　勘定科目のコード化とデータ入力

　図表3－4は「共通取引モデル」の東京システム販売(株) の勘定組織を示したものである。図表3－5は，その勘定組織にしたがい勘定科目のコード化を行ったものである。ただし，そのコード化は，図表3－3のブロック・コード化の例とは異なり，100 番から199 番までは資産の部の流動資産，900 番から949 番までは営業外損益の部の営業外収益といった具合に，ある範囲のコードを分類区分に割り当てるグループ・コード化である。この実習では，図表3－4と図表3－5にもとづき勘定科目をコード化し，「勘定マスターファイル」に勘定コードと勘定科目名を格納する。

① シート［勘定マスター］を開く。
② 図表3－6を参照して固定資産の勘定コードと勘定科目名をセル番地 A9 ～ B11 に入力する。
③ 図表3－6を参照して負債の勘定コードと勘定科目名をセル番地 A12 ～ B18 に入力する。
④ 図表3－6を参照して営業収益と営業外収益の勘定コードと勘定科目名をセル番地 A21 ～ B22 に入力する。
⑤ 図表3－6を参照して売上原価に関連する勘定コードと勘定科目名をセル番地 A23 ～ B25 に入力する。
⑥ ＜ファイル＞タブの［上書き保存］をクリック。

図表3－4　共通取引モデルにおける勘定組織

資　産	負　債	資本（純資産）	収　益	費　用
現　金	支払手形	資本金	売上高	期首商品棚卸高
当座預金	買掛金	繰越利益剰余金	受取利息	仕入高
受取手形	預り金			期末商品棚卸高
売掛金	未払費用			給　料
商　品	未払消費税			旅費交通費
未収入金	仮受消費税			通信費
仮払消費税	長期借入金			荷造発送費
建　物				事務用品費
備　品				減価償却費
減価償却累計額				支払利息

図表3－5　勘定組織のコード化

勘定分類	勘定科目	勘定コード
資産の部	流動資産	100～199
	固定資産	200～249
	その他資産	250～299
負債の部	流動負債	300～349
	固定負債	350～399
資本(純資産)の部	資本金・利益剰余金	400～499
営業損益の部	売上高	500～599
	仕入高（売上原価）	600～699
	販売費一般管理費	700～899
営業外損益の部	営業外収益	900～949
	営業外費用	950～999

図表3－6　勘定マスター

	A	B
1	勘定コード	勘定科目
2	110	現金
3	120	当座預金
4	150	受取手形
5	155	売掛金
6	170	商品
7	180	未収入金
8	185	仮払消費税
9	210	建物
10	220	備品
11	240	減価償却累計額
12	310	支払手形
13	315	買掛金
14	320	預り金
15	325	未払費用
16	327	未払消費税
17	330	仮受消費税
18	360	長期借入金
19	410	資本金
20	420	繰越利益剰余金
21	510	売上高
22	910	受取利息
23	610	期首商品棚卸高
24	615	仕入高
25	620	期末商品棚卸高
26	710	給料手当
27	715	旅費交通費
28	720	通信費
29	725	荷造発送費
30	730	事務用品費
31	735	減価償却費
32	960	支払利息

実習 **3－2** G/L マスターファイルの設計

【実習の目的】

　「実習3－1」で登録された勘定科目は，取引データの入力に用いられ会計取引ファイルに勘定データとして格納されることが許容されることを意味する。同時に，試算表作成や元帳作成を正しく行うためには，会計取引ファイルに格納される日常取引データに加えて，登録された各勘定科目の残高データが不可欠である。この実習では，各勘定科目の月末および期末の残高データを格納する G/L マスターファイルの構成定義を行う。勘定残高データは，各会計帳簿を出力するサブシステムへ前月残高データとして入力されるとともに，更新された残高データは G/L マスターファイルに格納されることになる。

実習3－2－(1)　G/L マスターファイルの設計

　G/L マスターファイルに格納される勘定の残高データは，勘定マスターファイル上に登録された勘定科目のものに限定される。したがって，G/L マスターファイルの構成は，「実習3－1」において登録した勘定マスターファイルと同一となるので，ここでは勘定マスターファイルをコピーする。

①　Excel ブック「3_1マスターファイル」のシート［勘定マスター］のセル番地 A1 ～ B32 を範囲選択 → ＜ホーム＞タブの＜クリップボード＞グループから＜コピー＞ボタンをクリック。

②　シート［GL マスター］のセル番地 A1 をクリック → ＜ホーム＞タブの＜クリップボード＞グループから＜貼り付け＞ボタンをクリック。

実習3－2－(2)　G/L マスターファイルへの開始残高データの入力

　総勘定元帳システムの運用開始前の勘定残高データを登録する。通常，総勘定元帳システムの導入では，会計期間の期首に導入する期首導入とその期中に導入する期中導入のパターンが考えられる。期首導入の場合は，期首残高（繰越残高）である貸借対照表上の勘定の残高を登録することになる。期中導入の場合は，システム導入前までに発生している取引データを，どのように処理するかによって残高の登録には2つの方法がある。1つは，システム導入前までに発生している取引データをすべて入力する方法である。もう1つは，システム導入前までに発生した取引データは個別に入力せずに，システム導入日前日までの取引合計としての各勘定科目の残高データを登録する方法である。共通取引モデルは，2月よりシステムを運用開始する期中導入のパターンであるが，システム導入前までの取引を個別に入力せずに1月末日の勘定科目残高を入力し登録する。この方法の場合，システム導入時の処理は軽減され，運用開始後の2月と3月の取引を入力することで少なくとも決算書は作成しうる。ただし，システム導入月より前の各会計帳簿は出力することはできない。

①　「共通取引モデル」の 20X1 年1月末の年次決算のみの場合の残高試算表（155 ページ）にしたがって，シート［GL マスター］のセル番地 C2 ～ C32 に残高データを入力する。残高がない勘定科目には 0（ゼロ）を入力する。

②　セル番地 C11 をクリック → 減価償却累計額はマイナスをつけて入力する「－4,475,000」。

　減価償却の処理は，間接法「（借方）減価償却費×××　（貸方）減価償却累計額×××」で仕訳を行う。間接法では，減価償却の処理を行っても固定資産の帳簿価額は直接減額されないので，固定資産は取得価額のまま貸借対照表上に表示されることになる。減価償却累計額勘定は減価償却費の累計金額を示すから，固定資産の帳簿価額は，固定資産勘定の残高（取得価額）から減価償却累計額勘定の残高を差し引いて求めることになる。したがって，減価償却累計額勘定の残高は，貸借対照表上に下記のとおり固定資産金額を控除する形（マイナス）で表示される。また，減価償却累計額勘定は資産勘定の評価勘定であり，勘定マスター上でも資産勘定に登録されるが，評価勘定のため貸方側の勘定として登録する必要がある。しかし，本実習では他の資産勘定と同様に借方側の勘定として登録をして，残高入力は，出力を前提とした入力として，本来の資産勘定とは異なるという意味でもマイナス金額で残高を入力するのである。

建　物	×××
備　品	×××
減価償却累計額	△×××

③　この Excel ブックを上書き保存する。

3-3　会計取引ファイルの構造と会計帳簿との関係

1 会計取引ファイルの構成定義

　総勘定元帳システムにおいて各会計帳簿を出力する機能を有する各サブシステムは，共通に会計取引ファイルを参照し格納されている取引データを処理し会計帳簿を出力する。したがって，会計取引ファイルは，要求されるすべての会計帳簿を出力可能とするための構成になっている必要がある。会計取引ファイルの構成を定義することは，出力される会計帳簿を特定することになるのと同時に，そこに格納できるデータを特定することにもなる。そのため，会計取引ファイルの設計においては，各サブシステムの目的を充足できるようにデータを不足なく格納できるファイル構成となるように，どのようなデータ項目を設定するかを検討しなければならない。

　会計取引ファイルの構成定義においては，例えば，会計伝票または仕訳帳にあるような会計事実を反映する項目を少なくとも定義しなければならない。具体的には，貸借別の勘定科目とそれらの勘定科目に金額を結びつけて，1つの取引（レコード）として格納するためのデータ項目を定義することが必要になる。基本的なデータ項目（フィールド名）には，「取引 ID」，「日付」，「勘定科目」，「補助科目」，「貸借区分」および「金額」などがあげられる。

実習 **3－3**　取引入力サブシステムの構築：会計取引ファイルの設計

【実習の目的】

　この実習では，取引データを入力し，会計取引ファイルにそれを格納する機能を有する取引入力サブシステムの構築を課題とする。Excel 上でのシートを，レコードの集合である 1 つのデータファイルと見立てて会計取引ファイルの構成を定義する。

【実習データの準備】

　□　Excel ブック「3_2 取引入力サブシステム」を個人のドライブにダウンロードして，この Excel ブックを開く。

　□　Excel ブック「3_1 マスターファイル」を開く。

実習 3－3－(1) 会計取引ファイルの構成定義

①　Excel ブック「3_2 取引入力サブシステム」のシート［入力フォーム］を開く。

②　図表 3 － 7 にしたがって，セル番地 A1 ～ F1 にデータ項目を入力する。

図表 3 － 7　会計取引ファイルのデータ項目

	A	B	C	D	E	F
1	日付	借方コード	借方勘定	貸方コード	貸方勘定	金額

実習 3－3－(2) 勘定マスターファイルの参照

　会計取引ファイルへの取引データの入力においては，仕訳に必要な勘定を勘定マスターファイルに登録されたものの中から選択して入力する。実際の取引データの入力は，取引入力サブシステムの入力プログラムが勘定マスターファイルを参照して，任意の勘定コードを指定すると勘定科目名が自動的に表示される。この実習では，取引データの入力時に勘定マスターファイルが参照できるように，取引入力サブシステムへ勘定マスターファイルを入力する。

①　Excel ブック「3_1 マスターファイル」のシート［勘定マスター］のセル番地 A1 ～ B32 を範囲選択 → コピー。

②　Excel ブック「3_2 取引入力サブシステム」のシート［入力フォーム］のセル番地 H1 をクリック → 貼り付け。

　シート［入力フォーム］には，勘定コードを入力すると，勘定科目名が自動的に表示される仕組みがシート上の C 列と E 列に設定されている。取引入力に用いることのできる勘定科目は，勘定マスターファイルに登録されている勘定科目のみであり，勘定マスターファイルを参照しながら取引データの入力が行われる。

③　セル番地 B2 へ勘定コード「110」と入力し，Enter キーを押す。

④　セル番地 C2 には，勘定マスターファイルを参照して，勘定コード「110」に対応する勘定科目名「現金」が表示されることが確認できる。

⑤　入力した勘定コードを消去しておく。セル番地 B2 をクリックして Delete キーを押す。

⑥　この Excel ブックを上書き保存する。

実習 **3−4** 取引入力サブシステムの運用：2・3月取引データの入力

【実習の目的】

　この実習では，取引入力サブシステムに2月分と3月分の取引データを入力し，それを月別に会計取引ファイルに格納する。

実習3−4−(1) 2月会計取引ファイルの生成

① Excelブック「3_2取引入力サブシステム」のシート［入力フォーム］のシート見出しの上でマウスの右ボタンをクリック → ショートカット・メニューの＜移動またはコピー（M）＞をクリック。

② ［シートの移動またはコピー］画面の［コピーを作成する（C）］をオン → ［OK］ボタンをクリック。

③ シート［入力フォーム (2)］のシート見出しの上でマウスの右ボタンをクリック → ショートカット・メニューの［名前の変更 (R)］をクリック。

④ シート［入力フォーム (2)］に「20X1年2月」と入力して，Enterキーを押す。

実習3−4−(2) 取引データの入力方法

「共通取引モデル」の2月取引にもとづいて，シート［20X1年2月］に取引データを入力する。右方向に取引データを1行目の「日付」，「借方コード」，「貸方コード」および「金額」のデータ項目の順に入力する。C列「借方勘定」とE列「貸方勘定」は，対応するコードを入力すると自動的にデータが表示されるのでデータ入力の必要はない。

① 取引データの入力は日付順でなくてもよいので，行や列の挿入・削除はしてはならない。

② A列の「日付」の入力は，「2月1日」であれば「2/1」または「2-1」と入力する。

③ 1つのデータを入力したら，Enterキーではなく，Tabキーまたは右方向のカーソルキー（矢印のキー）を使うと右方向にアクティブセルが移動する。

④ F列「金額」まで入力したら，キーボードのHomeキーを押すと，アクティブセルが先頭列に移動する。

実習3−4−(3) 取引の処理方式と2月取引データの入力例

（1）　仕訳方法

　会計取引ファイルの横のデータ群の関係が基本的に1つの取引レコードを構成する。したがって，貸借の金額が一致（バランス）するように，1対nやn対1のような仕訳は，n対nの関係になるように仕訳し，取引データを入力する。

（2）　消費税の処理方式

　販売取引および購買取引における消費税の処理方式は，つぎのように税抜経理方式による。

58

【販売取引】

     （借方）売 掛 金 ×××　（貸方）売 上 高 ×××
           売 掛 金 ×××　　　　　仮受消費税 ×××

【購買取引】

     （借方）仕 入 高 ×××　（貸方）買 掛 金 ×××
          仮払消費税 ×××　　　　　買 掛 金 ×××

（3）　2月の取引の入力

①　2月1日の販売取引は図表3－8のように入力する。

図表3－8　販売取引の入力例

	A	B	C	D	E	F
1	日付	借方コード	借方勘定	貸方コード	貸方勘定	金額
2	2月1日	155	売掛金	510	売上高	1,400,000
3	2月1日	155	売掛金	330	仮受消費税	140,000

②　2月3日の支払取引と2月10日の購買取引は図表3－9のように入力する。

図表3－9　支払取引と購買取引の入力例

	A	B	C	D	E	F
1	日付	借方コード	借方勘定	貸方コード	貸方勘定	金額
4	2月3日	725	荷造発送費	110	現金	20,000
5	2月3日	185	仮払消費税	110	現金	2,000
12	2月10日	615	仕入高	315	買掛金	2,650,000
13	2月10日	185	仮払消費税	315	買掛金	265,000

③　2月25日の給与取引は図表3－10のように入力する。

図表3－10　給与支払の入力例

	A	B	C	D	E	F
1	日付	借方コード	借方勘定	貸方コード	貸方勘定	金額
30	2月25日	710	給料手当	110	現金	2,426,000
31	2月25日	710	給料手当	320	預り金	334,000

④　図表3－11のように2月取引の入力が終了したら，このExcelブックを上書き保存する。

実習3－4－(4)　3月取引データの入力

①　「実習3－4－(1)」と同じ方法で3月分の会計取引ファイルを生成するために，シート［入力フォーム］をコピーする。

②　シート［入力フォーム(2)］のシート見出しを［20X1年3月］に変更する。

③　図表3－12のように3月取引の入力が終了したら，このExcelブックを上書き保存する。

図表３－11　２月会計取引ファイル

	A	B	C	D	E	F
1	日付	借方コード	借方勘定	貸方コード	貸方勘定	金額
2	２月1日	155	売掛金	510	売上高	1,400,000
3	２月1日	155	売掛金	330	仮受消費税	140,000
4	２月3日	725	荷造発送費	110	現金	20,000
5	２月3日	185	仮払消費税	110	現金	2,000
6	２月4日	155	売掛金	510	売上高	2,250,000
7	２月4日	155	売掛金	330	仮受消費税	225,000
8	２月8日	715	旅費交通費	110	現金	80,000
9	２月8日	185	仮払消費税	110	現金	8,000
10	２月10日	155	売掛金	510	売上高	2,075,000
11	２月10日	155	売掛金	330	仮受消費税	207,500
12	２月10日	615	仕入高	315	買掛金	2,650,000
13	２月10日	185	仮払消費税	315	買掛金	265,000
14	２月11日	730	事務用品費	110	現金	25,000
15	２月11日	185	仮払消費税	110	現金	2,500
16	２月12日	615	仕入高	315	買掛金	1,700,000
17	２月12日	185	仮払消費税	315	買掛金	170,000
18	２月15日	120	当座預金	155	売掛金	2,640,000
19	２月15日	150	受取手形	155	売掛金	2,282,500
20	２月15日	615	仕入高	315	買掛金	355,000
21	２月15日	185	仮払消費税	315	買掛金	35,500
22	２月20日	120	当座預金	150	受取手形	2,100,000
23	２月20日	730	事務用品費	110	現金	15,000
24	２月20日	185	仮払消費税	110	現金	1,500
25	２月20日	615	仕入高	315	買掛金	700,000
26	２月20日	185	仮払消費税	315	買掛金	70,000
27	２月22日	725	荷造発送費	110	現金	20,000
28	２月22日	185	仮払消費税	110	現金	2,000
29	２月24日	110	現金	120	当座預金	2,500,000
30	２月25日	710	給料手当	110	現金	2,426,000
31	２月25日	710	給料手当	320	預り金	334,000
32	２月25日	120	当座預金	155	売掛金	2,365,000
33	２月26日	360	長期借入金	120	当座預金	165,343
34	２月26日	960	支払利息	120	当座預金	32,669
35	２月28日	155	売掛金	510	売上高	1,125,000
36	２月28日	155	売掛金	330	仮受消費税	112,500
37	２月28日	720	通信費	110	現金	60,000
38	２月28日	185	仮払消費税	110	現金	6,000
39	２月28日	315	買掛金	120	当座預金	2,849,000
40	２月28日	315	買掛金	120	当座預金	1,727,000
41	２月28日	315	買掛金	120	当座預金	390,500

図表 3 － 12　3 月会計取引ファイル

	A	B	C	D	E	F
1	日付	借方コード	借方勘定	貸方コード	貸方勘定	金額
2	3月2日	725	荷造発送費	110	現金	20,000
3	3月2日	185	仮払消費税	110	現金	2,000
4	3月4日	725	荷造発送費	110	現金	20,000
5	3月4日	185	仮払消費税	110	現金	2,000
6	3月5日	155	売掛金	510	売上高	2,125,000
7	3月5日	155	売掛金	330	仮受消費税	212,500
8	3月8日	715	旅費交通費	110	現金	97,600
9	3月8日	185	仮払消費税	110	現金	9,760
10	3月10日	615	仕入高	315	買掛金	2,580,000
11	3月10日	185	仮払消費税	315	買掛金	258,000
12	3月10日	155	売掛金	510	売上高	1,600,000
13	3月10日	155	売掛金	330	仮受消費税	160,000
14	3月12日	615	仕入高	315	買掛金	1,140,000
15	3月12日	185	仮払消費税	315	買掛金	114,000
16	3月14日	220	備品	120	当座預金	540,000
17	3月14日	185	仮払消費税	120	当座預金	54,000
18	3月15日	155	売掛金	510	売上高	3,300,000
19	3月15日	155	売掛金	330	仮受消費税	330,000
20	3月15日	615	仕入高	315	買掛金	294,000
21	3月15日	185	仮払消費税	315	買掛金	29,400
22	3月15日	120	当座預金	155	売掛金	2,777,500
23	3月15日	150	受取手形	155	売掛金	2,282,500
24	3月17日	725	荷造発送費	110	現金	20,000
25	3月17日	185	仮払消費税	110	現金	2,000
26	3月20日	155	売掛金	510	売上高	1,387,500
27	3月20日	155	売掛金	330	仮受消費税	138,750
28	3月20日	615	仕入高	315	買掛金	1,860,000
29	3月20日	185	仮払消費税	315	買掛金	186,000
30	3月20日	120	当座預金	150	受取手形	2,815,500
31	3月24日	110	現金	120	当座預金	2,600,000
32	3月25日	710	給料手当	110	現金	2,593,000
33	3月25日	710	給料手当	320	預り金	357,000
34	3月25日	120	当座預金	155	売掛金	2,640,000
35	3月26日	360	長期借入金	120	当座預金	166,307
36	3月26日	960	支払利息	120	当座預金	31,705
37	3月28日	720	通信費	110	現金	66,000
38	3月28日	185	仮払消費税	110	現金	6,600
39	3月31日	315	買掛金	120	当座預金	3,685,000
40	3月31日	315	買掛金	120	当座預金	1,870,000
41	3月31日	315	買掛金	120	当座預金	441,100
42	3月31日	155	売掛金	510	売上高	2,700,000
43	3月31日	155	売掛金	330	仮受消費税	270,000

2 会計取引ファイルと試算表との関係

　手記簿記における試算表の機能は，検証機能と財務諸表作成機能であり，加えて月次にそれを作成するならば経営管理支援機能も含まれる。しかし，総勘定元帳システムにおいては，コンピュータ・プログラムが正しくデータ処理するという前提を置けば検証機能は希薄となる。そのため，試算表は要約表の性格を強め，月次または期末の勘定残高を確定する機能が重視されることになる。

　図表2-7（37ページ）のとおり，試算表作成の処理過程では，最初に，会計取引ファイルから当月の取引データと，G/Lマスターファイルから前月（期首）の勘定残高を入力する。次に，演算プログラムによって会計取引ファイルから勘定を貸借別に検索し，勘定別に借方合計，貸方合計を計算する。計算された勘定別の貸借合計データと前月残高のデータにもとづき各勘定の月末（期末）残高が計算される。最後に，確定した月末の勘定残高をG/Lマスターファイルに格納する。

　ここで重要なのは，勘定別の検索と同時に，勘定残高を計算する2つのタイプの残高計算式のうち，いずれかを判断するために勘定コードが利用されることである。勘定コードは，検索キーとなるばかりでなく，帳簿上の表示場所を特定する役割を担う。例えば，残高計算式は，計算の対象となる勘定がどのカテゴリーに属するかによって，資産，費用の勘定科目は「前月残高＋当月借方合計－当月貸方合計」，負債，資本および収益の勘定科目は「前月残高－当月借方合計＋当月貸方合計」となる。したがって，勘定組織が定義されている勘定コードによって，残高計算式の適用判断が行われることになる。

実習 3-5　月次試算表作成サブシステムの構築

【実習の目的】
　この実習では，月次合計残高試算表の作成機能を有する月次試算表作成サブシステムを構築する。総勘定元帳システム・モデルにおける月次試算表作成サブシステムの処理過程で確定した月次の勘定残高は，次月の試算表作成のためのデータとなるので，G/Lマスターファイルに格納される。

【実習データの準備】
□　Excelブック「3_3月次試算表作成サブシステム」を個人のドライブにダウンロードして，このExcelブックを開く。
□　Excelブック「3_1マスターファイル」を開く。

実習3-5-(1) シート［データ入力］の設計

　Excelブック「3_3月次試算表作成サブシステム」のシート［データ入力］は，データの入力機能を担う。「3_2取引入力サブシステム」からは取引データが格納されている各月の「会計取引ファイル」をA列からF列へ，「3_1マスターファイル」からは「勘定マスター」をH列からI列へ，また「GLマスター」に格納されている前月勘定残高データをJ列に入力する。

①　Excelブック「3_3月次試算表作成サブシステム」のシート［データ入力］を開く。
②　Excelブック「3_1マスターファイル」のシート［勘定マスター］のセル番地A1〜B32

を範囲選択 → コピー。

③ Excel ブック「3_3 月次試算表作成サブシステム」のシート［データ入力］を開く。

④ シート［データ入力］のセル番地 H1 をクリック → 貼り付け。

実習 3 − 5 − (2) シート［データ処理］の設計

シート［データ処理］は，試算表作成サブシステムのデータ処理機能を担う。最初に，入力した会計取引ファイルから各勘定の借方金額と貸方金額を抽出し，借方合計と貸方合計を計算する。次に，前月残高にそれらを加減し各勘定の当月残高を計算する。

（1）データ項目の入力

① 図表 3 − 13 のように，シート［データ処理］の A3 〜 F3 にデータ項目を入力。

図表 3 − 13　シート［データ処理］

	A	B	C	D	E	F
1			合 計 残 高 試 算 表			
2						
3	勘定コード	勘定科目	前月残高	借方金額	貸方金額	当月残高
4	110	現金	0			
5	120	当座預金	0			

（2）残高計算式と合計計算式の定義

① セル番地 F4 に資産・費用の合計残高試算表式を入力（= C4 + D4 − E4）。

② セル番地 F4 をクリック → アクティブセルのフィルハンドルにマウスポインターを合わせる → F13 までドラッグ。

③ セル番地 F14 に負債・資本・収益の残高計算式を入力し（= C14 − D14 + E14），セル番地 F15 〜 F24 へコピー。

④ セル番地 F25 〜 F27 には，売上原価に関連する勘定科目の残高計算式が入力済みである。なお，「期首商品棚卸高」勘定の残高計算式は資産・費用（借方側）の勘定に適用されるものと同じ，「期末商品棚卸高」勘定の残高計算式は負債・資本・収益の勘定（貸方側）に適用されるものと同じものが入力されている。

⑤ セル番地 F28 に資産・費用の残高計算式を入力し（計算式は各自で考えよ），セル番地 F29 〜 F34 にコピー。

⑥ セル番地 C35 をクリック → ＜ホーム＞タブの＜編集＞グループから＜合計＞ボタンをクリック。

⑦ 「= SUM（C4：C34)」と表示されたら，Enter キーを押す。

⑧ セル番地 C35 をクリック → アクティブセルのフィルハンドルをドラッグして，セル番地 C35 の合計計算式をセル番地 D35 〜 F35 にコピー。

⑨ この Excel ブックを上書き保存する。

実習 3－6　月次試算表作成サブシステムの運用：合計残高試算表の作成

【実習の目的】

　この実習では，「3_3 月次試算表作成サブシステム」を運用して，2 月および 3 月の合計残高試算表を作成する。

【実習データの準備】

　□　Excel ブック「3_3 月次試算表作成サブシステム」を開く。

　□　Excel ブック「3_2 取引入力サブシステム」を開く。

　□　Excel ブック「3_1 マスターファイル」を開く。

実習 3－6－(1)　2 月合計残高試算表の作成

　シート［試算表（貸借対照表）］と［試算表（損益計算書）］は，シート［データ処理］で得られた計算結果を貸借対照表上の勘定科目と損益計算書の勘定科目に分割して表示している。このように，総勘定元帳システムでは，通常，合計残高試算表は貸借対照表勘定と損益計算書勘定とで分割されて表示される。

（1）　会計取引ファイルの入力

①　Excel ブック「3_2 取引入力サブシステム」のシート［20X1 年 2 月］のセル番地 A1 〜 F41 を範囲選択 → コピー。

②　Excel ブック「3_3 月次試算表作成サブシステム」のシート［データ入力］のセル番地 A1 をクリック → ＜ホーム＞タブの＜クリップボード＞グループから＜貼り付け▼＞ボタンの下部をクリック。

③　表示されたメニューから［形式を選択して貼り付け（S）］をクリック → ［形式を選択して貼り付け］画面の［貼り付け］の［値と数値の書式（U）］をクリックし，［OK］ボタンをクリック（計算式はコピーされない）。

（2）　G/L マスターファイルの入力

①　Excel ブック「3_1 マスターファイル」のシート［GL マスター］のセル番地 C1 〜 C32 を範囲選択（データ項目を含める）→ コピー。

②　Excel ブック「3_3 月次試算表作成サブシステム」のシート［データ入力］のセル番地 J1 をクリック → 形式を選択して貼り付け（値と数値の書式）。

（3）　合計残高試算表作成プログラムの実行

①　数式バーの上に［セキュリティの警告］が表示されている場合は，［コンテンツの有効化］ボタンをクリックする。

②　＜表示＞タブの＜マクロ＞グループから＜マクロ＞ボタンの上部をクリック → ［マクロ］画面の［マクロ名（M）］の「月次合計残高試算表作成」をクリック → ［実行（R）］ボタンをクリック。または，シート［データ入力］とシート［データ処理］のシート上に配置されている＜月次合計残高試算表作成＞ボタンのいずれかをクリック。

③　図表 3 - 14 は，完成した 2 月の合計残高試算表の一部である。

図表３－14　２月の合計残高試算表（一部）

貸 借 対 照 表

	A	B	C	D	E
1		貸 借 対 照 表			
2					
3	勘定科目	前月残高	借方金額	貸方金額	当月残高
4	［現金・預金］				
5	現金	1,160,310	2,500,000	2,668,000	992,310
6	当座預金	3,761,540	7,105,000	7,664,512	3,202,028
7	現金・預金合計	4,921,850	9,605,000	10,332,512	4,194,338
8	［売上債権］				
9	受取手形	4,615,500	2,282,500	2,100,000	4,798,000
10	売掛金	7,452,500	7,535,000	7,287,500	7,700,000
11	売上債権合計	12,068,000	9,817,500	9,387,500	12,498,000
12	［棚卸資産］				
13	商品	9,907,840	0	0	9,907,840
14	棚卸資産合計	9,907,840	0	0	9,907,840
15	［他流動資産］				
16	未収入金	0	0	0	0
17	仮払消費税	8,783,400	562,500	0	9,345,900
18	他流動資産合計	8,783,400	562,500	0	9,345,900
19	［有形固定資産］				
20	建物	12,000,000	0	0	12,000,000
21	備品	3,500,000	0	0	3,500,000
22	減価償却累計額	-4,475,000	0	0	-4,475,000
23	有形固定資産計	11,025,000	0	0	11,025,000
24	資産合計	46,706,090	19,985,000	19,720,012	46,971,078

	A	B	C	D	E
1		損 益 計 算 書			
2					
3	勘定科目	前月残高	借方金額	貸方金額	当月残高
4	［売上高］				
5	売上高	114,514,700	0	6,850,000	121,364,700
6	売上高合計	114,514,700	0	6,850,000	121,364,700
7	［売上原価］				
8	期首商品棚卸高	0	0	0	0
9	仕入高	59,172,000	5,405,000	0	64,577,000
10	期末商品棚卸高	0	0	0	0
11	売上原価	59,172,000	5,405,000	0	64,577,000
12	売上総利益	55,342,700	-5,405,000	6,850,000	56,787,700
13	［販売管理費］				
14	給料手当	43,910,000	2,760,000	0	46,670,000
15	旅費交通費	1,564,000	80,000	0	1,644,000
16	通信費	580,000	60,000	0	640,000
17	荷造発送費	1,360,000	40,000	0	1,400,000
18	事務用品費	158,000	40,000	0	198,000
19	減価償却費	0	0	0	0
20	販売管理費合計	47,572,000	2,980,000	0	50,552,000
21	営業損益	7,770,700	-8,385,000	6,850,000	6,235,700

（4）　2 月末残高の更新

① シート［更新残高］のセル番地 C2 〜 C32 を範囲選択 → コピー。

② Excel ブック「3_1 マスターファイル」のシート［GL マスター］のセル番地 D2 をクリック → 形式を選択して貼り付け（値と数値の書式）。

③ Excel ブック「3_1 マスターファイル」と「3_3 月次試算表作成サブシステム」をそれぞれ上書き保存する。

実習 3−6−（2） 3 月合計残高試算表の作成

（1）　2 月取引データと 1 月残高データの消去。

① Excel ブック「3_3 月次試算表作成サブシステム」のシート［データ入力］を開く。

② セル番地 A1 〜 F41 を範囲選択 → Delete キーを押す。セル番地 J1 〜 J32 を範囲選択 → Delete キーを押す。

（2）　各データの入力

① Excel ブック「3_2 取引入力サブシステム」のシート［20X1 年 3 月］のセル番地 A1 〜 F43 を範囲選択 → コピー。

② Excel ブック「3_3 月次試算表作成サブシステム」のシート［データ入力］のセル番地 A1 をクリック → 形式を選択して貼り付け（値と数値の書式）。

③ Excel ブック「3_1 マスターファイル」のシート［GL マスター］のセル番地 D1 〜 D32 を範囲選択 → コピー。

④ Excel ブック「3_3 月次試算表作成サブシステム」のシート［データ入力］のセル番地 J1 をクリック → 貼り付け。

（3）　合計残高試算表作成プログラムの実行

① シート［データ入力］とシート［データ処理］のシート上に配置されている＜月次合計残高試算表作成＞ボタンのいずれかをクリック。

（4）　G/L マスターファイル（3 月残高）の更新

① シート［更新残高］のセル番地 C2 〜 C32 を範囲選択 → コピー。

② Excel ブック「3_1 マスターファイル」のシート［GL マスター］のセル番地 E2 をクリック → 形式を選択して貼り付け（値と数値の書式）。

③ Excel ブック「3_1 マスターファイル」と「3_3 月次試算表作成サブシステム」をそれぞれ上書き保存する。

3 会計取引ファイルと元帳との関係

　図表 2 − 8（38 ページ）のとおり，総勘定元帳作成の処理過程では，最初に取引入力サブシステムに格納されている会計取引ファイルから当月の取引データと，G/L マスターファイルに格納されている前月残高データとを入力する。これらのデータにもとづき演算プログラムによって当該勘定の勘定コードを検索キーとして会計取引ファイルを貸借別に検索し，取引明細を抽出し日付順にソーティング（並べ替え）が行われる。最後に，日付別の勘定残高を計算するために，

勘定コードから2つの残高計算式の適用が判断され，正当に残高が計算される。

実習 **3－7** 元帳作成サブシステムの構築：総勘定元帳

【実習の目的】

　この実習では，総勘定元帳作成機能を有する元帳作成サブシステムを構築する。

【実習データの準備】

□　Excel ブック「3_4 元帳作成サブシステム」を個人のドライブにダウンロードして，この Excel ブックを開く。

実習3-7-(1) シート［元帳出力］の設計

　シート［元帳出力］では，元帳作成サブシステムのデータ処理結果としての各元帳を出力する機能を担う。

①　シート［元帳出力］を開き，図表3－15のように A3～ E3 にデータ項目を入力する。

図表3－15　元帳出力画面

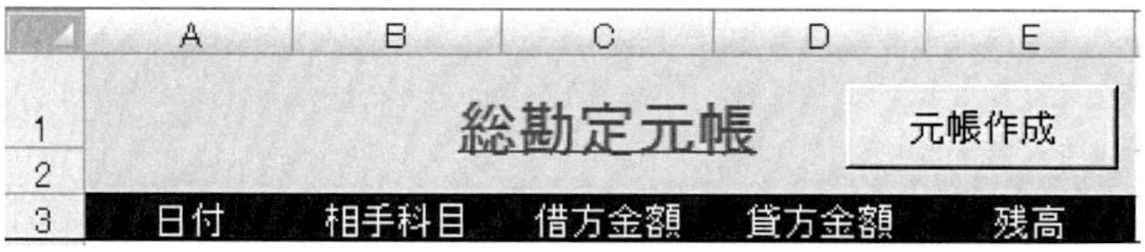

	A	B	C	D	E
1			総勘定元帳		元帳作成
2					
3	日付	相手科目	借方金額	貸方金額	残高

実習3-7-(2) シート［データ入力］の設計

　シート［データ入力］では，元帳作成サブシステムのデータ入力機能を担う。A 列から F 列は会計取引ファイル，H 列から I 列は勘定マスターファイル，J 列は G/L マスターファイルのそれぞれ入力場所となる。

①　Excel ブック「3_1 マスターファイル」のシート［勘定マスター］のセル番地 A1～ B32 を範囲選択 → コピー。

②　Excel ブック「3_4 元帳作成サブシステム」のシート［データ入力］のセル番地 H1 をクリック → 貼り付け。

実習3-7-(3) シート［データ処理］の設計

　シート［データ処理］では，元帳作成サブシステムのデータ処理機能を担う。ここでは，会計取引ファイルから当該勘定の勘定コードと一致する値が含まれるレコードをそれぞれ貸借別に検索し，M 列から R 列に抽出する。その抽出結果を，T 列から X 列において日付順にソーティングし，さらに日付別の残高を計算する。

①　図表3－16のように，セル番地 M3～ R3 にデータ項目を入力する。

図表 3 - 16　シート［データ処理］

	L	M	N	O	P	Q	R
1	勘定コード	借方コード			貸方コード		
2		0			0		
3		日付	貸方勘定	金額	日付	借方勘定	金額

　セル番地 N3 と Q3 は，それぞれ間違いではない。ここでの検索抽出は，Excel のフィルタ（検索抽出）機能を利用するが，元帳では相手勘定を表示するために会計取引ファイルからの抽出では，相手側の勘定科目を表示する必要がある。したがって，借方側の検索では「貸方勘定」，貸方側の検索では「借方勘定」のデータ項目が設定されることになる。

実習 3—8　元帳作成サブシステムの運用：2 月総勘定元帳の作成

【実習の目的】
　この実習では，元帳作成サブシステムを運用して，2 月の総勘定元帳を作成する。
【実習データの準備】
　□　Excel ブック「3_4 元帳作成サブシステム」を開く。
　□　Excel ブック「3_1 マスターファイル」を開く。
　□　Excel ブック「3_2 取引入力サブシステム」を開く。

実習3—8　2 月総勘定元帳の作成

（1）　2 月会計取引ファイルの入力

① Excel ブック「3_2 取引入力サブシステム」のシート［20X1 年 2 月］のセル番地 A1 ～ F41 を範囲選択 → コピー。

② Excel ブック「3_4 元帳作成サブシステム」のシート［データ入力］のセル番地 A1 をクリック → 形式を選択して貼り付け（値と数値の書式）。

（2）　G/L マスターファイルの入力

① Excel ブック「3_1 マスターファイル」のシート［GL マスター］のセル番地 C1 ～ C32 を範囲選択 → コピー。

② Excel ブック「3_4 元帳作成サブシステム」のシート［データ入力］のセル番地 J1 をクリック → 貼り付け。

（3）　元帳作成プログラムの実行

① 数式バーの上に［セキュリティの警告］が表示されている場合は，［コンテンツの有効化］ボタンをクリックする。

② 各シート上に配置されている＜元帳作成＞ボタンのいずれかをクリックする。

③ 図表 3 - 17 のようなインプット画面が表示されるので，勘定マスターを参照して任意の勘定コード，例えば，110（現金）を半角入力し，Enter キーを押す。

図表3－17　勘定コード入力画面

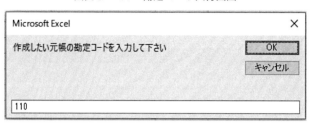

図表3－18は，作成された現金元帳である。

図表3－18　2月現金元帳

	A	B	C	D	E
1		総勘定元帳			元帳作成
2					
3	日付	相手科目	借方金額	貸方金額	残高
4	現金				
5	月 初				1,160,310
6	2月3日	荷造発送費		20,000	1,140,310
7	2月3日	仮払消費税		2,000	1,138,310
8	2月8日	旅費交通費		80,000	1,058,310
9	2月8日	仮払消費税		8,000	1,050,310
10	2月11日	事務用品費		25,000	1,025,310
11	2月11日	仮払消費税		2,500	1,022,810
12	2月20日	事務用品費		15,000	1,007,810
13	2月20日	仮払消費税		1,500	1,006,310
14	2月22日	荷造発送費		20,000	986,310
15	2月22日	仮払消費税		2,000	984,310
16	2月24日	当座預金	2,500,000		3,484,310
17	2月25日	給料手当		2,426,000	1,058,310
18	2月28日	通信費		60,000	998,310
19	2月28日	仮払消費税		6,000	992,310
20	月 末		2,500,000	2,668,000	992,310

3－4　独立型取引処理システムの損益計算：5勘定法の実習

　第2章で説明された通り，独立型取引処理システムに適した棚卸資産評価に関する商品の数量計算方法は，棚卸計算法である。棚卸計算法は，期中の在庫の増減を記録せずに期末（決算）時点で棚卸数量を確定し売上原価を把握するため，取引処理システムの目的を財務諸表作成目的に限定するならば，棚卸計算法を採用することにまったく問題はない。そのため，独立型取引処理システムは，業務処理システムと総勘定元帳システムとが分断されたシステム環境であるから，商品の増減に関する詳細なデータは必要としない代わりに，決算時点の処理として総勘定元帳システム上に棚卸計算法にもとづいた売上原価算定の仕組みを構築する必要がある。

　ところで，手記簿記において期末時点で作成される精算表は，試算表に記載された勘定残高を収益・費用グループと資産・負債・資本グループに分け，前者を損益計算書，後者を貸借対照表として書き移した一覧表である。また，精算表は，試算表に決算整理事項を加減し損益計算書と貸借対照表に分ければ，決算処理手続きを概観できる一覧表となる。

　しかし，コンピュータ会計システムでは，精算表を出力する機能を備えるものは少ない。なぜ
ならば，精算表は単純には試算表を損益計算書と貸借対照表とに分割したもので，試算表と同じ
内容であるために作成されない場合が多いのである。例えば，わが国で市販されている会計パッ
ケージ・ソフトのほとんどが精算表を出力する機能はなく，合計残高試算表は損益計算書の部と
貸借対照表の部に分割されて出力される。また，決算整理仕訳は，通常の取引と同じように入力
され，それは決算前の合計残高試算表の勘定残高に加減され，決算時の合計残高試算表が精算表
に相当するものとして出力される。

実習 3—9　期末試算表作成サブシステムの構築

【実習の目的】
　この実習では，手作業の簿記における精算表作成に相当する，決算整理仕訳を反映した合計残高試算
表を作成する機能を有する期末試算表作成サブシステムの構築を行う。

【実習データの準備】
□　Excel ブック「3_5 期末試算表作成サブシステム」を個人のドライブにダウンロードして，この
　　Excel ブックを開く。

実習3—9　棚卸計算法にもとづいた計算式の定義

（1）「商品」金額の表示

①　シート［試算表（貸借対照表）］と［試算表（損益計算書）］のセル番地 E3 にそれぞれ「当
　　期残高」と入力する。

②　シート［試算表（貸借対照表）］のセル番地 B13 をクリック。13 行目はシート［データ処理］
　　でデータ処理された商品勘定の「前月残高」，「借方金額」，「貸方金額」および「当期残
　　高」の金額を参照する形で金額表示する。そのための計算式を入力する。キーボードから
　　「＝」記号を入力し，シート［データ処理］のセル番地 C8 をクリック → Enter キーを押す。
　　セル番地 C13 には，「＝データ処理!C8」という計算式が入力される。

③　セル番地 B13 をクリック → フィルハンドルをセル番地 E13 までドラッグ。

（2）「売上総利益」の表示

①　シート［試算表（損益計算書）］のセル番地 B11 をクリック。B11 には，「前月残高」欄の「売
　　上原価」を求めるための計算式（期首商品棚卸高＋仕入高－期末商品棚卸高）を入力する。

②　セル番地 B11 の計算式をセル番地 C11 ～ E11 の範囲へコピーする。セル番地 B11 をクリ
　　ック → フィルハンドルをセル番地 E11 までドラッグ。

③　セル番地 B12 をクリック。B12 には，「前月残高」欄の「売上総利益」を求めるための計
　　算式（売上高合計－売上原価）を入力する。

④　セル番地 B12 の計算式をセル番地 C12 ～ E12 の範囲へコピーする。セル番地 B12 をクリ
　　ック → フィルハンドルをセル番地 E12 までドラッグ。

実習 3—10　決算整理仕訳の入力

【実習の目的】

　コンピュータ会計システムでは，決算整理仕訳は，通常の取引と同じように会計取引ファイルに入力され格納される。しかし，決算整理仕訳を通常取引と識別するために，決算整理仕訳を特定するデータ項目が設定され，それにもとづいてデータが格納されることになる。

　この実習では，決算整理事項にもとづいて決算整理仕訳をシステム上に入力し格納するために，取引入力サブシステムに決算整理仕訳用の会計取引ファイルを定義する。ここでは，会計取引ファイルを月別に構成していたように，決算整理仕訳は1つのファイルに格納することにする。

【実習データの準備】

　☐　Excel ブック「3_2 取引入力サブシステム」を開く。

実習3—10　決算整理仕訳の入力

（1）　決算整理仕訳入力用の会計取引ファイルの生成

① シート［入力フォーム］のシート見出しの上でマウスの右ボタンをクリック → ショートカット・メニューの＜移動またはコピー（M）＞をクリック。

② ［シートの移動またはコピー］画面の［コピーを作成する（C）］をオン → ［OK］ボタンをクリック。

③ シート［入力フォーム (2)］のシート見出しの上でマウスの右ボタンをクリック → ショートカット・メニューの［名前の変更（R）］をクリック。

④ シート［入力フォーム (2)］に「20X0年度決算」と入力して，Enter キーを押す。

（2）　決算整理仕訳の入力

① 共通取引モデルの決算整理事項（161ページ〜）にもとづいて，決算整理仕訳を入力する。なお，日付はすべて「3月31日」とする。

（3）　棚卸資産の処理

　独立型取引処理システムの損益計算方法には，棚卸計算法を前提とした3分法の派生的な方法としての5勘定法が用いられる。コンピュータ会計システムでは，入力で用いられた勘定は出力でも用いられるという具合に，出力を前提とする入力方法が採用される場合が多い。このようなケースは，貸借対照表に表示される「商品」勘定と，3分法にもとづく決算整理仕訳の「繰越商品」勘定との関係にみられる。貸借対照表上の表示項目としては「繰越商品」勘定ではなく「商品」勘定が適切な表示項目となるから，決算整理仕訳時の入力においては出力を前提として貸借対照表の表示項目である「商品」勘定を用いる（シート［試算表（貸借対照表）］を確認）。したがって，モデルにおいても勘定マスターファイルに「繰越商品」勘定は登録されておらず，売上原価を算定するための棚卸資産に関する決算整理仕訳では「商品 (170)」勘定を用いる（図表3 - 19）。

① 図表3 - 19にもとづいて，売上原価算定のための棚卸資産に関する仕訳を入力する。

図表3−19　3分法にもとづく仕訳

	A	B	C	D	E	F
1	日付	借方コード	借方勘定	貸方コード	貸方勘定	金額
2	3月31日	615	仕入高	170	商品	9,907,840
3	3月31日	170	商品	615	仕入高	12,002,261

② 減価償却の処理は間接法により，資産ごとに仕訳を入力する。

③ 3月末日の仮受消費税勘定の残高は¥13,247,720，仮払消費税勘定の残高は10,009,660である。仮払消費税勘定の残高には決算整理仕訳における交通費の未払計上時の仮払消費税額（6,200円）を加算する。図表3−20は，入力された決算整理仕訳を示している。

図表3−20　決算整理仕訳

	A	B	C	D	E	F
1	日付	借方コード	借方勘定	貸方コード	貸方勘定	金額
2	3月31日	615	仕入高	170	商品	9,907,840
3	3月31日	170	商品	615	仕入高	12,002,261
4	3月31日	735	減価償却費	240	減価償却累計額	360,000
5	3月31日	735	減価償却費	240	減価償却累計額	437,500
6	3月31日	735	減価償却費	240	減価償却累計額	11,250
7	3月31日	715	旅費交通費	325	未払費用	62,000
8	3月31日	185	仮払消費税	325	未払費用	6,200
9	3月31日	180	未収入金	910	受取利息	150,000
10	3月31日	330	仮受消費税			13,247,720
11	3月31日			185	仮払消費税	10,015,860
12	3月31日			327	未払消費税	3,231,860

④ 「3_2取引入力サブシステム」を上書き保存する。

実習 3−11　期末試算表作成サブシステムの運用：決算処理

【実習の目的】

　この実習では，期末試算表作成サブシステムを運用して決算処理を行う。「実習3−10」で入力した決算整理仕訳を，G/Lマスターファイルに格納されている3月末の残高データに加減し，期末の合計残高試算表を作成する。

【実習データの準備】

　☐　Excelブック「3_1マスターファイル」を開く。

　☐　Excelブック「3_2取引入力サブシステム」を開く。

　☐　Excelブック「3_5期末試算表作成サブシステム」を開く。

実習3−11−(1) 決算整理仕訳データの入力

(1) 決算整理仕訳ファイルの入力

① Excelブック「3_2取引入力サブシステム」のシート［20X0年度決算］のセル番地A1〜F12を範囲選択 → コピー。

② Excelブック「3_5期末試算表作成サブシステム」のシート［データ入力］のセル番地A1をクリック → 形式を選択して貼り付け（値と数値の書式）。

(2) G/Lマスターファイルの入力

① Excelブック「3_1マスターファイル」のシート［GLマスター］のセル番地E1〜E32を範囲選択 → コピー。

② Excelブック「3_5期末試算表作成サブシステム」のシート［データ入力］のセル番地J1をクリック → 貼り付け。

(3) プログラムの実行

① 数式バーの上に［セキュリティの警告］が表示されている場合は，［コンテンツの有効化］ボタンをクリックする。

② シート［データ入力］とシート［データ処理］のシート上に配置されている＜期末合計残高試算表作成＞ボタンのいずれかをクリック。

(4) 決算処理結果の確認

① シート［試算表（貸借対照表)］を開き，「商品」勘定の金額を確認する（図表3 − 21)。

図表3 − 21　貸借対照表

	A	B	C	D	E
1			貸借対照表		
3	勘定科目	前月残高	借方金額	貸方金額	当期残高
4	［現金・預金］				
5	現金	753,350	0	0	753,350
6	当座預金	2,046,916	0	0	2,046,916
7	現金・預金合計	2,800,266	0	0	2,800,266
8	［売上債権］				
9	受取手形	4,265,000	0	0	4,265,000
10	売掛金	12,223,750	0	0	12,223,750
11	売上債権合計	16,488,750	0	0	16,488,750
12	［棚卸資産］				
13	商品	9,907,840	12,002,261	9,907,840	12,002,261
14	棚卸資産合計	9,907,840	12,002,261	9,907,840	12,002,261

② 決算整理仕訳を反映した「商品」勘定の「当期残高」欄の金額は，正当に期末商品棚卸高（¥12,002,261）を示していることが確認できる。

③ シート［試算表（損益計算書)］を開き，「売上原価」項目を構成する，それぞれの勘定の当期残高を確認する（図表3 − 22)。

図表3－22　売上原価項目の金額が適切に表示されていない損益計算書

	A	B	C	D	E
1			損 益 計 算 書		
2					
3	勘定科目	前月残高	借方金額	貸方金額	当期残高
4	[売上高]				
5	売上高	132,477,200	0	0	132,477,200
6	売上高合計	132,477,200	0	0	132,477,200
7	[売上原価]				
8	期首商品棚卸高	0	0	0	0
9	仕入高	70,451,000	9,907,840	12,002,261	68,356,579
10	期末商品棚卸高	0	0	0	0
11	売上原価	70,451,000	9,907,840	12,002,261	68,356,579
12	売上総利益	62,026,200	-9,907,840	-12,002,261	64,120,621

　図表3－22のとおり売上原価項目に関する勘定の当期残高は，適切な金額を示していないことがわかる。第1に，「期首商品棚卸高」および「期末商品棚卸高」の「当期残高」欄には，何も金額が示されていないことが確認できる。第2に，「仕入高」の行には，3分法による仕訳の結果，期首商品棚卸高（￥9,907,840）と期末商品棚卸高（￥12,002,261）の金額が反映され，「仕入高」の「当期残高」欄には，当期中の仕入高（￥70,451,000）ではなく売上原価（￥68,356,579 = 9,907,840 + 70,451,000 − 12,002,261）の金額が示されていることが確認できる。このように，3分法による処理では，仕入勘定において売上原価を期末に算定することを目的としている。これをコンピュータ処理にそのまま用いると，仕入勘定は当期中には仕入金額を示し，期末には売上原価金額を示すことになり，仕入勘定にはまったく意味の異なる金額が示されることになる。

　このような3分法にもとづいた仕訳は，コンピュータ会計システムではそのまま用いることはできず，もしこの仕訳を前提にする場合はプログラムを変更する必要がある。そもそも，コンピュータ会計システムでは，演算はプログラム上で行うのであるから，売上原価に関しても仕入勘定の中で仕訳によって把握するのではなくプログラム上の演算によって行われる。したがって，売上原価を正当に演算するためには，売上原価の計算要素である「期首商品棚卸高」，「当期仕入高」および「期末商品棚卸高」の金額が必要であり，それらの金額を格納するための「勘定」が設けられ，同時にこれらの勘定は損益計算書上の売上原価に関する表示項目としても利用される。

　以上のように，手作業簿記で学習した3分法による決算整理仕訳は，コンピュータ会計システムではそのまま適用することはできない。コンピュータ会計システムでは，商品売買取引に「売上」と「仕入」勘定を使用することは3分法にもとづく処理と相違ないが，決算整理仕訳において「期首商品棚卸高」，「商品」および「期末商品棚卸高」の勘定を用いる5勘定法を採用する。

実習3－11－(2)　5勘定法による損益計算

（1）　決算整理仕訳ファイルの修正

　5勘定法により「実習3－10」で入力した棚卸資産処理の仕訳を，仕入高（615）勘定から期首商品棚卸高（610）勘定と期末商品棚卸高（620）勘定に修正入力する。

① Excel ブック「3_2 取引入力サブシステム」のシート［20X0 年度決算］のセル番地 B2 と D3 の勘定コードを正しい勘定コードに修正入力する（図表 3 - 23）。

図表 3 - 23　5 勘定法による決算整理仕訳

	A	B	C	D	E	F
1	日付	借方コード	借方勘定	貸方コード	貸方勘定	金額
2	3月31日	610	期首商品棚卸高	170	商品	9,907,840
3	3月31日	170	商品	620	期末商品棚卸高	12,002,261

（2）　決算整理仕訳ファイルの再入力

① Excel ブック「3_2 取引入力サブシステム」のシート［20X0 年度決算］のセル番地 A1 〜 F12 を範囲選択 → コピー。

② Excel ブック「3_5 期末試算表作成サブシステム」のシート［データ入力］のセル番地 A1 をクリック → 形式を選択して貼り付け（値と数値の書式）。

（3）　合計残高試算表プログラムの実行

① シート［データ入力］とシート［データ処理］のシート上に配置されている＜期末合計残高試算表作成＞ボタンのいずれかをクリック。

（4）　決算処理結果の確認

① シート［試算表（損益計算書）］を開き，「売上原価」の項目を構成するそれぞれ勘定科目の金額を確認する（図表 3 - 24）。

図表 3 - 24 のように，「当期残高」欄には，「期首商品棚卸高」，「仕入高」および「期末商品棚卸高」の金額が正当に表示され，「売上原価」（¥68,356,579）も表示されている。このように，コンピュータ会計システムでは，プログラム（モデルでは，各自が定義した計算式）によって合計残高試算表の作成のつど，売上原価を計算することになる。5 勘定法の仕訳方法は，決算時に損益計算書上の売上総利益を算定・表示し，同時に貸借対照表上の商品残高を確定するのに有効であ

図表 3 - 24　売上原価項目の金額が正しく表示された損益計算書

	A	B	C	D	E
1	損 益 計 算 書				
2					
3	勘定科目	前月残高	借方金額	貸方金額	当期残高
4	［売上高］				
5	売上高	132,477,200	0	0	132,477,200
6	売上高合計	132,477,200	0	0	132,477,200
7	［売上原価］				
8	期首商品棚卸高	0	9,907,840	0	9,907,840
9	仕入高	70,451,000	0	0	70,451,000
10	期末商品棚卸高	0	0	12,002,261	12,002,261
11	売上原価	70,451,000	9,907,840	-12,002,261	68,356,579
12	売上総利益	62,026,200	-9,907,840	12,002,261	64,120,621

る。すなわち，コンピュータ会計システムは合計残高試算表上に出力表示される勘定科目と同じ
勘定科目を仕訳入力の際にも用いる点が特徴である（出力を予定した入力方法に依存している）。

　ちなみに，わが国で市販されている中小企業を対象とした会計パッケージ・ソフトのほとんど
が，5勘定法を採用している。これまで実習を通じて確認したように，コンピュータ会計システ
ムでは，データの入力が行われたらすべての帳簿は同時的に出力可能であり，損益情報も表示し
うる。しかし，たとえ即時的に情報出力が可能だとしても，決算整理仕訳の入力が行われなけれ
ば正確な損益情報は出力されないことになる。結局，手記簿記の3分法であれコンピュータ会計
システムの5勘定法であれ，それらの方法が採用されるのは，即時的な損益情報の出力を期待す
るのではなく，記帳手続やデータ処理の合理化に期待が大きいからである。

（5）　総勘定元帳マスター・ファイル（3月残高）の更新

①　シート［更新残高］のセル番地C2〜C32を範囲選択 → コピー。

②　Excelブック「3_1マスターファイル」のシート［GLマスター］を開き，セル番地F2を
　　クリック → 形式を選択して貼り付け（値と数値の書式）。

③　それぞれExcelブックを上書き保存する。

設問3-1　3月仕訳帳の印刷。

① Excel ブック「3_2 取引入力サブシステム」のシート［20X1 年 3 月］のセル番地 A1 ～ F43 を範囲選択。

② ＜ページレイアウト＞タブの＜ページ設定＞グループから＜印刷範囲＞をクリック → ＜印刷範囲の設定（S）＞をクリック。

③ ［ページ設定］画面の［印刷（P）］ボタンをクリック → ［印刷］画面の［OK］ボタンをクリック。

設問3-2　3月の総勘定元帳を作成し，次の指定された各勘定科目の残高を調べなさい。

現　金 3月31日	売掛金 3月15日	買掛金 3月20日	売上高 3月20日	仕入高 3月12日

設問3-3　総勘定元帳システムの特徴を説明した文章の空欄に入る適当な用語を記入しなさい。

❑ G/L システムでは，各帳簿間に手続き上の【　　①　　】はない。

❑ 手作業の複式簿記における総勘定元帳の残高確定機能は，G/L システムでは【　　②　　】によって代替される。

❑ G/L システムでの試算表は，作業の点検目的は希薄となり要約表の性格が強くなる。また，決算全体を一覧できる【　　③　　】を作成する機能は省略され，その機能は試算表に組み込まれる。

❑ G/L システムでは，勘定組織が【　　④　　】に定義されることによって，システムへの入力可能な勘定が特定されるとともに，各勘定の金額を正確に計算することを保証する。

❑ 【　　⑤　　】は，各帳簿産出サブシステムで共有され共通のインプットとなり，各会計帳簿は同時的に産出される。また，そのファイルの内容は，出力可能な情報を特定する。

❑ プログラムによって確定される残高は【　　⑥　　】に格納され，それを介して試算表作成サブシステムと元帳作成サブシステムは連携する。

設問3-4　商品売買取引処理における 3 分法と 5 勘定法の共通点と相違点を説明しなさい。

第**4**章

準統合型取引処理システムの構造
・・・・・・・・・・・・・・・・・・・・・・・・・・・・・・・・

4－1　準統合型取引処理システムの基本構造

1 統合化概念

　統合化とは，異なる機能を有する各システムを共通の目的のもとに連結させて，その目的を達成できるように1つの全体システムとして調整することをいう。したがって，統合化とは単なる諸要素の総合ではなく，諸要素の連結によって総合以上の成果を期待されることになる。具体的に取引処理システムにおける統合化は，購買管理システムや販売管理システムなどの業務管理を目的とする各業務管理システムと，勘定別の残高確定を目的とする総勘定元帳システムとが，財務諸表を作成する目的を達成するために1つのシステムとして連結され機能することを指す。購買や販売などの業務データが各業務管理システムによって処理され，生成された業務データを介して各業務管理システムと総勘定元帳システムとが連結される。統合化された全体を1つの取引処理システムと認識すれば，購買や販売などの業務管理システムは，取引処理システムのサブシステムと位置づけられ，そのコアが総勘定元帳システムとみることができる。このような取引処理システムにおける統合化の目的は，基本的には取引処理の合理化に主眼が置かれる。統合型の取引処理システムは，独立型のそれに比べて総勘定元帳システムへのデータ入力局面の合理化を意図したものであり，業務データの分散的な入力による総勘定元帳システムへの能率的なデータの供給を指向する。近年では，そのような取引処理の合理化に加えて，会計情報の迅速な提供による財務諸表作成機能の向上や経営管理に資する意思決定支援機能の向上を指向して統合化が図られている。

2 統合型の取引処理システムのデータフロー

　第2章でも明らかにされたように統合型の取引処理システム形態は，準統合型取引処理システムと統合型取引処理システムである。図表4－1は，業務管理システムから総勘定元帳システム側にデータ通信のネットワークを通じて，取引データをオンライン送信する統合型の取引処理システム形態の構造を示している。業務管理システム側では，業務管理に必要なデータを業務データファイルに格納することが要件となる。また，購買サイクルと販売サイクルは相互に関連しながら在庫を変動させるから，購買取引と販売取引の確定によってそれぞれのデータは在庫（受払）ファイルに格納されていく。それらの業務データファイルからは，売上高や売掛金などが業務における管理情報として業務管理システム側で分散的に出力される。よって財務諸表作成という観点からすれば，基本的には総勘定元帳システム側には全社的な会計帳簿の出力に足りる一定期間の要約データのみがオンライン送信されることになる。

3 準統合型取引処理システムの要件

（1）準統合型取引処理システムの特徴

　統合化を指向する2つの取引処理システム形態の共通点は，データ通信のネットワークによって組織的かつ地理的に分散したそれぞれの業務管理システムと，本社に配備された総勘定元帳シ

図表4－1　統合型の取引処理システムの構造

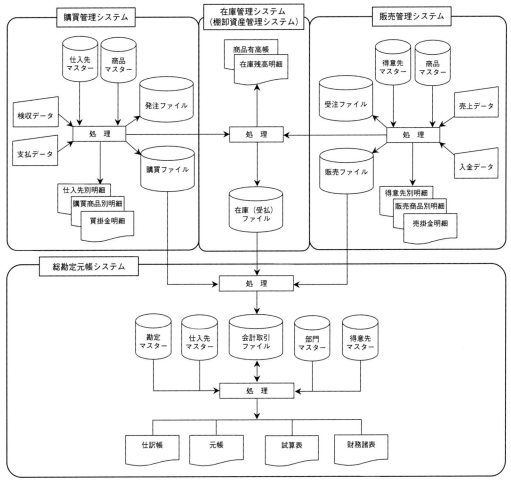

出所：新経理実務大事典編集委員会『新経理実務大事典』産業調査会，1994年，p.939（一部変更）。

ステムとの間に電子データの連携構造を有する点である。一方，2つの統合型の取引処理システムの相違点が，総勘定元帳システム側での会計帳簿や財務諸表をバッチ処理するのかリアルタイム処理するのかにある。

　本章で取り上げる準統合型取引処理システム形態は，わが国の上場企業の中では最も多い形態である。「準統合型」と称する理由は，業務管理システムから総勘定元帳システム側へのデータ送信が，取引データを一定期間ないしは一定量蓄えたあとに行われるバッチ処理にある。総勘定元帳システムでの処理がバッチ処理であるために，総勘定元帳システム側から業務サイクル側へと会計データないし会計情報は供給されないか，供給されたとしても一定の時間間隔が空くことになる。したがって，統合型取引処理システムにみられるような日常的な業務管理に会計情報をタイムリーに活用できるような，業務管理システム側と総勘定元帳システムとの間の有機的な統合関係は，準統合型取引処理システムでは希薄となる。ただしバッチ処理方式であってもそのタイミングには違いがあり，どのようなタイミングによって処理されるかは企業ごとに異なる。例

えば，1カ月単位，1週間単位，1日単位などである。1日単位で処理する場合には，翌日には業務サイクル側に前日の会計情報を提供することも可能となる。

　取引処理システムのいずれの形態においても，総勘定元帳システムへの会計取引データの入力後のデータ処理は共通である。準統合型取引処理システムは，統合型であるゆえに独立型取引処理システムよりも取引処理の合理化を指向しており，業務データの分散的な入力により総勘定元帳システムへの能率的なデータ供給を指向している。その点で，システム構築上の課題は，業務データをいかに総勘定元帳システムへ供給するのかであり，取引処理システムのどこかで業務データを会計取引データに変換処理することである。

（2）自動仕訳と取引処理上の要件

　図表2-9は，統合型のシステム環境を想定して，業務データが仕訳済みのデータ形式に変換されて会計取引ファイルに格納される過程を表している。各業務サイクルで捕捉される業務データは業務別に購買ファイル，販売ファイルおよび在庫（受払）ファイルに格納される。総勘定元帳システム側では，会計取引データの手入力は原則必要ないが，会計帳簿や財務諸表を出力するためには，取引処理システム全体のどこかでかつ任意の時点でプログラムによって業務データを会計取引データに変換するデータ処理を行う必要がある。このデータ処理を自動仕訳といい，会計目的に適合するように必ずしも定義されていない業務データを，仕訳の形式に自動的に変換する。自動仕訳の対応方法には，① 業務サイクル側では未加工の業務データを準備し，総勘定元帳システム側でコンピュータ・プログラムによって自動仕訳を行う方法と，② 業務サイクル側で自動仕訳を行い，会計取引ファイルの構成と合致するデータ内容を総勘定元帳システムへ送信する方法とがある。いずれの方法であっても統合型の取引処理システム環境下では，業務データファイルへのデータ入力が取引処理システムの起点となって，その後の処理は自動的に行われる。

　第3章の独立型取引処理システムで検討した，総勘定元帳システムへ反映されるべき取引処理上の要件（勘定組織，二重性の原理，貸借平均の原理）は，統合型の取引処理システム形態においても取引処理システム全体のどこかで備えるべき要件である。とりわけ，業務データファイルは最終的に総勘定元帳システムの処理対象となる会計取引ファイルに変換される点から，業務データファイルの内容は会計上の処理をすでに予定した内容でなければならない。統合型の取引処理システム形態においては，自動仕訳受け入れ後の総勘定元帳システムでのデータ処理は，独立型取引処理システム形態と共通であることから，総勘定元帳システムへのデータ供給局面である自動仕訳処理に取引処理上の要件を反映しなければならない。自動仕訳においては，勘定組織を反映した勘定マスターファイルを参照しながら，業務データを仕訳済みのデータ形式に変換して会計取引ファイルに格納するので，更新された会計取引ファイルが取引処理上の要件である二重性の原理を満たすことが必要となる。

　しかし，会計取引ファイルに二重性の原理が備えられるべきであるとしても，自動仕訳の処理の対象となる業務データファイルには必ずしもその要件が反映されている必要はない。業務データファイルへの業務データの格納時点では，勘定やその貸借区分といった会計上の判断はなされ

ず，必ずしも会計処理とはいえない。要は，自動仕訳の処理過程において仕訳を可能にするようなデータ項目が，業務データファイル上に設計されていればよいことになる。業務データファイル上には，勘定，貸借区分に関するデータ項目が直接的に配置されるのではなく，業務データからそれらのデータ項目に誘導されうるものを含めることになる。業務データファイルの構成上で重要なことは，自動仕訳が可能なような属性およびコードの定義が必要となり，特に，各業務データファイルに格納される業務データが他の業務データと識別されうるような取引を識別する項目が必要である。最終的に自動仕訳のデータ処理過程では，そのような項目によって仕訳のパターンが特定されることになる。

（3）棚卸資産の会計処理（売上原価の把握方法）

　会計取引ファイルを生成する過程では，自動仕訳以外にも会計上の処理として棚卸資産会計（売上原価の把握）の処理が行われる点に注目しなければならない。購買サイクルと販売サイクルは相互に関連しながら在庫を変動させるから，販売によって払い出された商品の原価（売上原価）と費消されていない商品の原価を算定する原価配分の原則にもとづいた計算手続きが必要になる。

　売上原価は，払出単価に払出数量を乗じて計算される。売上原価の計算手続きでは，払出数量の計算と払出単価の計算が必要になる。

　①　払出数量の計算

　期中の商品の払出数量を明らかにする方法には，継続記録法と棚卸計算法があり，それぞれの計算は次のような計算式に表すことができる。

【継続記録法】

　（期首棚卸数量　＋　当期受入数量）－　当期払出数量　＝　期末棚卸数量

【棚卸計算法】

　（期首棚卸数量　＋　当期受入数量）－　期末棚卸数量　＝　当期払出数量

　継続記録法は，当期中の商品の受け払い数量を継続的に記録することで，払出数量と期末棚卸数量を直接的に把握する。継続記録法は商品を個別に管理すること，すなわち商品の受け払い（入出庫）を商品別に記録するので，任意の時点で在庫数量を特定でき，商品在庫管理のうえでも有効な方法となる。また，実地棚卸を併用して記録上の期末棚卸数量と実際の期末棚卸数量とが一致しているかを確認することができる。しかし，管理すべき商品が大量になると処理が煩雑になるという欠点がある。一方，棚卸計算法は，当期中の商品の受け入れ数量のみを記録し，一定期末に実地棚卸を行って得られた実際の期末棚卸数量を明らかにしたうえで払出数量を間接的に把握する。棚卸計算法は商品別の受け払いを記録しなくて済むという点で処理が容易である。ただし棚卸計算法は，期中の在庫数量を把握できないという点と，商品の紛失などが実際に発生していてもそれを把握することはできないという点で正確性に欠ける。

　以上のように，商品の在庫管理を行い，売上原価を正確に算定するためには，払出数量の把握が不可欠であるから継続記録法の採用が望ましい。また販売のつど，売買損益を把握し業務管理

に役立てることができるという点でも，継続記録法の採用上の利点がある。しかし，商品の受け払いを記録し，払出数量と期末棚卸数量を把握するためには，少なくとも購買業務での在庫データとしての期首棚卸数量，商品の検収データとしての受入数量，また販売業務での商品の出荷データとしての払出数量が必要になる。これらのデータが，それぞれ業務別に構築されている業務管理システム上で分散的に処理されている場合，継続記録法の採用には統合型のシステム環境が不可欠となる。したがって，継続記録法は，準統合型と統合型の取引処理システムに適している方法である。一方で，棚卸計算法は，業務管理システムと遮断されたシステム環境にある独立型取引処理システムに適している方法である。

② 払出単価の計算

一般的に，同一商品であっても購入条件等の違いから異なる単価で購入する場合がある。具体的な払出単価の計算方法には，個別法，先入先出法，移動平均法，総平均法，月次移動平均法，最終仕入原価法などがある。これらの計算方法によって棚卸資産の取得価額は，原価配分の原則にしたがって，当期の費用となる売上原価と次期以降の費用となる棚卸資産とに配分される。ただし本来，商品の個々の取得原価をもって棚卸資産を評価する個別法が，最も正確な損益計算に資する方法であるが，個別法は個別の商品管理が必要となりその適用が困難であるとして，先入先出法や移動平均法などの方法が簡便法として採用が認められているのである。

大企業とりわけ上場企業においては，データ処理上の容易さから総平均法と移動平均法の採用が非常に多い。

移動平均法はその都度法として，購入の都度，在庫金額と今回の購入金額で単価を平均して在庫単価とする。この処理方法は，先入先出法と比べれば処理が容易でバッチ処理方式でも採用可能であるが，リアルタイム処理方式の統合型取引処理システムに適している。

総平均法や月次移動平均法は期別・月別法として，一定期間の後に払出単価を算出して売上原価を計算する方法で，バッチ処理方式にのみ採用可能で準統合型取引処理システムに適している。したがって，総平均法や月次移動平均法を採用する場合は，一定期間後に払出単価の計算が行われることから，それを期末商品棚卸数量に乗じて期末商品棚卸高を算出し，決算時に5勘定法の仕訳によって総勘定元帳システムに入力し，プログラムによって売上原価を算定する。この方法は，リアルタイムでの商品別の損益管理を指向しない準統合型取引処理システムの特徴であり，財務諸表作成に資する期末商品棚卸高のみを総勘定元帳システムへ供給する。したがって，自動仕訳の対象は，期中の購買取引と販売取引だけであり，基本的には売上原価算定目的の期末商品棚卸高は，決算時に手入力となる。

③ 取引処理システムと売上原価の把握との関係

以上のような，取引処理システムの形態と売上原価の把握方法との関係は，図表4-2に示される。法人税法との関連もあるが，たとえ統合型の取引処理システム形態であっても，わが国の多くの企業では，コンピュータ処理の技術的な進化にもかかわらず，依然として，処理上の困難性を理由に棚卸計算法を前提とした最終仕入原価法や，あるいは継続記録法を採用していても，総平均法や最終仕入原価法を採用する場合が多い。したがって，わが国の実務では，取引処理システムの形態とは無関係に，期末商品棚卸高を先に算定して，5勘定法の仕訳により間接的に売

上原価を算定する簡便的な損益計算方法を採用している傾向が見られる。その点で，手作業で処理されていた時代よりもはるかにデータ処理水準は向上しているにもかかわらず，なお簡便的な売上原価の把握方法を採用している現状は，正確な損益計算や商品在庫管理がなされていないという点で，コンピュータ利用が不完全であると見ることができる。

図表4－2　取引処理システム形態と売上原価の把握方法との関係

TPS の形態	払出数量の計算	払出単価の計算	売上原価の把握	仕訳方法
統合型 TPS	継続記録法	その都度法 ● 個別法 ● 先入先出法 ● 移動平均法	直接的に把握	売上原価対立法
準統合型 TPS	継続記録法	期別・月別法 ● 月次移動平均法 ● 総平均法 ● 最終仕入原価法 ● 売価還元法	間接的に把握 （期末商品棚卸高）	5勘定法
独立型 TPS	棚卸計算法			

4-2　準統合型取引処理システムの構築と運用

1 準統合型取引処理システム・モデル

（1）モデルの概要

　第3章の総勘定元帳システム・モデルの実習と同様に，表計算ソフト（Excel）を用いて準統合型取引処理システムのモデルを構築し運用する。図表4－3は，準統合型取引処理システム・モデルを構成するサブシステム間のデータフローを示している。準統合型取引処理システム・モデルは，販売管理システム，購買管理システム，総勘定元帳システムの棚卸資産管理サブシステムと自動仕訳サブシステム，およびマスターファイルから構成される。

　本モデルでは，業務ごとに業務管理システムを構築し業務データを処理する。月末時点では，会計取引データ生成のために各業務データファイルを結合する。続いて，結合された業務データファイルをもとに，商品別の払出単価を月次移動平均法で算定し，月末棚卸高を確定する。最後に，自動仕訳処理を行い会計取引ファイルに格納する。なお，月次移動平均法とは，商品受け入れのつど，最新の払出単価を計算するのではなく，月次でまとめて払出単価の計算を行うものである。そのため，実際の商品払出のつど，払出単価が計算されないので，商品別の損益管理をリアルタイムで行うことは困難となる。

図表4－3　準統合型取引処理システム・モデルの概要

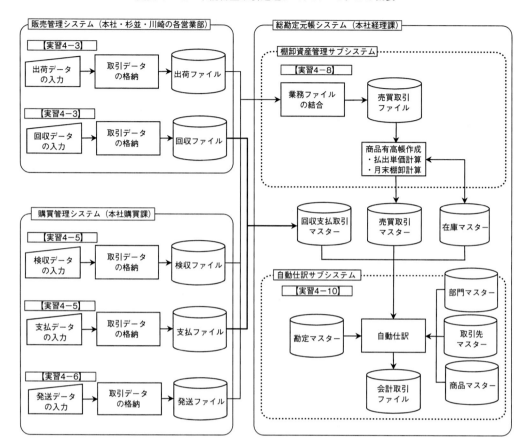

（2）モデルの要件

準統合型取引処理システム・モデルの構築および運用にあたっては，次のことを考慮する。

① 取引は「共通取引モデル」に示される「出荷」，「売掛回収」，「振替発送」，「検収」および「買掛支払」に限定する。

② 消費税は，業務データ入力時点では処理しない。

③ 各営業部への商品発送にともなう振替取引を処理する。

④ 出荷，振替発送および検収の取引は，商品ごとに処理する。

⑤ 部門別損益計算書を作成する。

⑥ 商品の払出単価の計算は，月次移動平均法による。

⑦ 月次決算を行う。

2 業務管理システムの設計とデータ入力

実習 4-1　各マスターファイルの設計

【実習の目的】

　この実習では，業務管理システムで利用される各種の業務マスターファイルの設計と，自動仕訳の対象となる業務データを格納する業務取引マスターファイルを設計する。

【実習データの準備】

□ Excel ブック「4_1 マスターファイル」を個人のドライブにダウンロードして，この Excel ブックを開く。

実習 4-1-(1)　業務マスターファイルのコード化

　最初に，業務マスターファイルの設計を行う。業務マスターファイルには，購買，発送，販売といった各業務管理システムの処理に必要な「取引区分マスター」，「部門マスター」，「商品マスター」，「取引先マスター」，「入出金区分マスター」および「自動仕訳勘定マスター」がある。各マスターファイルの設計においては，第3章の「実習3-1」で行った勘定科目のコード化に加えて，各業務処理に必要な取引先，部門，商品などのコード化が必要となる。図表4-4は，「共

図表 4-4　各マスターファイル

	A	B	C	D	E
1	取引区分マスター			自動仕訳勘定マスター	
2	1	出荷		110	現金
3	3	検収		120	当座預金
4	5	振替発送		150	受取手形
5	7	売掛回収		155	売掛金
6	9	買掛支払		170	商品
7	部門マスター			185	仮払消費税
8	1	本社営業部		310	支払手形
9	2	杉並営業部		315	買掛金
10	3	川崎営業部		330	仮受消費税
11	商品マスター			511	パソコン売上高
12	101	ノートPC		512	プリンター売上高
13	102	デスクトップPC		513	関連品売上高
14	103	タブレット PC		616	パソコン仕入高
15	201	レーザーPR		617	プリンター仕入高
16	202	インクジェット PR		618	関連品仕入高
17	301	ハードディスク		620	期末商品棚卸高
18	302	無線LAN			
19	取引先マスター				
20	22	東京AIS銀行			
21	24	関東銀行			
22	52	中央電機			
23	54	高千穂物産			
24	56	専修カメラ			
25	82	アオヤマ製作所			
26	84	ミツワ電子			
27	86	アジアニクス			
28	入出金区分マスター				
29	1	振込			
30	2	手形			

通取引モデル」の「東京システム販売(株)」の業務管理システムの処理と，総勘定元帳システム
の処理に利用される各マスターファイルを示している。そこでは，すでにコード化がなされてい
るので，図表4-4にもとづいてコードと名称を各マスターファイルに入力する。

① Excelブック「4_1マスターファイル」のシート［業務マスター］を開く。

② 図表4-4にしたがい「取引区分マスター」，「部門マスター」，「商品マスター」，「取引先
マスター」，「入出金区分マスター」および「自動仕訳勘定マスター」の各コードと名称を
入力する。

実習4-1-(2) 業務取引マスターファイルの設計

各業務取引マスターファイルのデータ項目（フィールド）を定義する。業務取引マスターファ
イルは，自動仕訳の対象となる業務データが格納される。自動仕訳の対象となる業務データのう
ち，出荷データ，検収データおよび振替発送データは「売買取引マスター」に，売掛回収データ
と買掛支払データは「回収支払取引マスター」に更新される。

① シート［売買取引マスター］を開く。

② 図表4-5にしたがいデータ項目をA1～H1列に入力する。

図表4-5　売買取引マスターのデータ項目

③ シート［回収支払取引マスター］を開く。

④ 図表4-6にしたがいデータ項目をA1～F1列に入力する。

図表4-6　回収支払取引マスターのデータ項目

実習4-1-(3) 在庫マスターの設計

① シート［業務マスター］を開く。

② セル番地A12～B18を範囲選択 → ＜ホーム＞タブの＜クリップボード＞グループから
＜コピー＞ボタンをクリック。

③ シート［在庫マスター］のセル番地A3をクリック → ＜ホーム＞タブの＜クリップボー
ド＞グループから＜貼り付け＞ボタンをクリック。

④ セル番地A13をクリック → ＜貼り付け＞ボタンをクリック。

⑤ セル番地A23をクリック → ＜貼り付け＞ボタンをクリック。

実習4-1-(4) 在庫マスターへの残高登録

商品の受け払いの記録にもとづいて払出単価の計算や商品の在庫残高の確定には，まず前月末

の在庫残高データと当月の受け払いの記録が必要になる。ここでは，前月在庫残高データを登録する。本モデルは，2 月より運用開始であるから，巻末の「共通取引モデル」の［2-5　1 月末商品棚卸高］を部門別に入力する。

① シート［在庫マスター］のセル番地 C3 ～ K9 へ在庫残高を入力する。

② 図表 4 - 7 は，1 月末在庫残高の入力内容である。

③ この Excel ブックを上書き保存する。

図表 4 - 7　1 月末在庫データ

		本社営業部			杉並営業部			川崎営業部		
1月		数量	単価	金額	数量	単価	金額	数量	単価	金額
101	ノートPC	30	80,000	2,400,000	15	80,000	1,200,000	8	80,000	640,000
102	デスクトップPC	15	150,000	2,250,000	8	150,000	1,200,000	4	150,000	600,000
103	タブレットPC	30	38,000	1,140,000	10	38,000	380,000	8	38,000	304,000
201	レーザーPR	15	50,000	750,000	9	50,000	450,000	7	50,000	350,000
202	インクジェットPR	15	18,000	270,000	4	18,000	72,000	2	18,000	36,000
301	ハードディスク	15	10,000	150,000	5	10,000	50,000	6	10,000	60,000
302	無線LAN	12	4,600	55,200	3	4,600	13,800	3	4,600	13,800

③ 業務管理システムの構築

業務管理システムの設計においては，業務サイクル側の販売業務や購買業務における各活動で生じた業務データを，総勘定元帳システムに入力可能な形式である取引データに効率的に変換されるようにすることが重要である。各業務において発生する業務データは，会計情報を出力するための源泉であるから，業務データを格納する業務データファイルの設計においても，その後の仕訳処理を想定することが重要である。ただし，各業務活動において発生する業務データのすべてが仕訳処理の対象となるわけではない。販売サイクルにおいては，在庫処理，請求処理，売掛金処理および回収処理がその対象となる。このうち，在庫処理，請求処理および売掛金処理は販売サイクルにおける出荷業務に関連して機能する処理であり，売掛金処理と回収処理は回収業務に関連して機能する処理である。一方，購買サイクルにおいては，在庫処理，買掛金処理および支払処理がその対象となる。このうち，在庫処理と買掛金処理は購買サイクルにおける検収業務に関連して機能する処理であり，買掛金処理と支払処理は支払業務に関連して機能する処理である。したがって，これらの処理において発生する業務データを業務データファイルに格納すれば，会計情報が出力できることになる。ただし，それぞれの業務データファイルには，仕訳に関するデータを直接的に入力する必要はなく，自動仕訳処理において勘定やその貸借区分を識別できるような属性を，業務データファイルの構成に定義すれば良い。そのような業務データを取引データに誘導するための属性は，各業務データファイルの中に「取引区分」といった項目によって定義される。例えば，図表 4 - 4 の中の取引区分マスターにあるように，取引区分「1」を掛販売として定義し，業務データファイルにその取引区分コードをともなって業務データを格納すれば，借方売掛金，貸方売上高という仕訳が取引区分コードによって誘導されることになる。

実習 4-2 販売管理システムの構築

【実習の目的】

　この実習では，販売業務の処理を担う販売管理システムの構築を課題とする。得意先への商品の出荷によって売上高の確定を認識できる出荷データを格納する出荷ファイルと，得意先への販売代金の回収に関する業務データを格納する回収ファイルの設計を行う。Excel 上でのシートを 1 つのファイルと見立てて，それぞれのデータファイルの構成を定義する。

【実習データの準備】

☐ Excel ブック「4_2 販売管理システム」を個人のドライブにダウンロードして，この Excel ブックを開く。

☐ Excel ブック「4_1 マスターファイル」を開く。

実習4-2-(1) 出荷ファイルの構成定義

　図表 4 - 8 は，得意先への商品出荷データを入力する出荷ファイルのデータ項目である。「取引区分」には取引区分コード，「部門」には部門コード，「商品」には商品コード，「商品区分」には商品区分コード，「取引先」には取引先コードをそれぞれ入力する。なお，「商品区分」へ入力する商品区分コードとは，パソコン，プリンターおよび関連品といった出荷した商品の属性を表すもので，商品コードの百の桁の数値をコードとして入力する。例えば，出荷した商品が「レーザー PR（201）」だったら，「2」を商品区分コードとして入力する。

図表 4 - 8　出荷ファイル

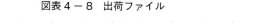

	A	B	C	D	E	F	G	H
1	取引日	取引区分	部門	商品	商品区分	数量	金額	取引先

① Excel ブック「4_2 販売管理システム」のシート［出荷ファイル］を開く。

② 図表 4 - 8 にしたがい，出荷ファイルのデータ項目を 1 行目に入力する。

実習4-2-(2) 回収ファイルの構成定義

　図表 4 - 9 は，得意先への販売請求額の回収データを入力する回収ファイルのデータ項目である。「取引区分」には取引区分コード，「入金区分」には入出金区分コード，「銀行」には取引銀行の取引先コード，「取引先」には回収先の取引先コードをそれぞれ入力する。

図表 4 - 9　回収ファイル

	A	B	C	D	E	F
1	取引日	取引区分	入金区分	銀行	金額	取引先

① シート［回収ファイル］を開く。

② 図表 4 - 9 にしたがい，回収ファイルのデータ項目を 1 行目に入力する。

実習4－2－(3) 各マスターファイルの参照

業務データの入力において参照される各マスターファイルをコピーする。

① Excel ブック「4_1 マスターファイル」のシート［業務マスター］のセル番地 A1 ～ B30 を範囲選択 → コピー。

② Excel ブック「4_2 販売管理システム」のシート［出荷ファイル］のセル番地 J1 をクリック → 貼り付け。

③ シート［回収ファイル］のセル番地 H1 をクリック → 貼り付け。

④ この Excel ブックを上書き保存する。

実習 4－3　販売管理システムの運用：2月取引の入力

【実習の目的】

　この実習では，出荷業務と回収業務ごとに構成されている各業務データファイルへ，出荷データと回収データを入力し，格納する。

【実習データの準備】

□ Excel ブック「4_2 販売管理システム」を開く。

実習4－3－(1) 2月出荷データの入力

「共通取引モデル」の2月取引にもとづいて，シート［出荷ファイル］に出荷業務データを入力する。なお，消費税に関する入力は出荷データ入力時には行わず，自動仕訳の際に自動的に行う。

① 図表4－10のようにシート［出荷ファイル］のセル番地 A2 から右方向に業務データを1行目のデータ項目にしたがって入力する。

② A 列の「日付」の入力方法は，例えば「2月2日」であれば「2/2」または「2-2」と入力する。

③ 1つのデータを入力したら，Enter キーではなく Tab キーを使うと，右方向にアクティブセルが移動する。

④ H 列の「取引先」まで入力したら，キーボードの Home キーを押すと，アクティブセルが先頭列に移動する。

図表4－10　2月出荷ファイルの内容

	A 取引日	B 取引区分	C 部門	D 商品	E 商品区分	F 数量	G 金額	H 取引先
2	2月1日	1	3	101	1	5	700,000	52
3	2月1日	1	3	103	1	5	300,000	52
4	2月1日	1	3	201	2	5	400,000	52
5	2月4日	1	1	103	1	20	1,200,000	54
6	2月4日	1	1	201	2	10	800,000	54
7	2月4日	1	1	202	2	10	250,000	54
8	2月10日	1	2	102	1	10	1,800,000	56
9	2月10日	1	2	301	3	10	200,000	56
10	2月10日	1	2	302	3	10	75,000	56
11	2月28日	1	3	102	1	5	900,000	52
12	2月28日	1	3	202	2	5	125,000	52
13	2月28日	1	3	301	3	5	100,000	52

実習4-3-(2) ２月回収業務データの入力

「共通取引モデル」の２月取引にもとづいて，シート［回収ファイル］に回収業務データを入力する。

① 図表4-11のように，シート［回収ファイル］のセル番地A2から右方向に業務データを１行目のデータ項目にしたがって入力する。

② 回収業務データの入力を終えたら，このExcelブックを上書き保存する。

図表4-11 ２月回収ファイルの内容

	A	B	C	D	E	F
1	取引日	取引区分	入金区分	銀行	金額	取引先
2	２月15日	7	1	24	2,640,000	52
3	２月15日	7	2		2,282,500	56
4	２月25日	7	1	22	2,365,000	54

実習 4-4 購買管理システムの構築：検収業務と支払業務

【実習の目的】

この実習では，購買業務の処理を担う購買管理システムの構築を課題とする。ただし，購買管理システムでは販売管理システムと同様に，自動仕訳の対象となる検収業務と支払業務に関する業務データのみを対象に処理する。また，本社営業部から各営業部への商品発送に関する振替取引の業務データも処理の対象とする。ここでは，仕入先からの商品の検収に関する業務データを格納する検収ファイルと，仕入先への仕入代金の支払に関する業務データを格納する支払ファイルの設計を行う。

【実習データの準備】

□ Excelブック「4_3購買管理システム」を個人のドライブにダウンロードして，このExcelブックを開く。

□ Excelブック「4_1マスターファイル」を開く。

実習4-4-(1) 検収ファイルの構成定義

図表4-12は，仕入先から入荷した商品検収データを入力する検収ファイルのデータ項目である。「取引区分」には取引区分コード，「部門」には部門コード，「商品」には商品コード，「商品区分」には商品区分コード，「取引先」には取引先コードをそれぞれ入力する。

図表4-12 検収ファイル

	A	B	C	D	E	F	G	H
1	取引日	取引区分	部門	商品	商品区分	数量	金額	取引先

① Excelブック「4_3購買管理システム」のシート［検収ファイル］を開く。

② 図表4-12にしたがい，検収ファイルのデータ項目を１行目に入力する。

実習4−4−(2)　支払ファイルの構成定義

　図表4−13は，仕入先からの商品購入代金の請求額に対する支払データを入力する，支払ファイルのデータ項目である。「取引区分」には取引区分コード，「出金区分」には入出金区分コード，「銀行」には取引銀行の取引先コード，「取引先」には支払先の取引先コードをそれぞれ入力する。

図表4−13　支払ファイル

	A	B	C	D	E	F
1	取引日	取引区分	出金区分	銀行	金額	取引先

① Excel ブック「4_3購買管理システム」のシート［支払ファイル］を開く。
② 図表4−13にしたがい，支払ファイルのデータ項目を1行目に入力する。

実習4−4−(3)　各マスターファイルの参照

業務データの入力において参照される，各マスターファイルをコピーする。
① Excel ブック「4_1マスターファイル」のシート［業務マスター］のセル番地 A1 ～ B30 を範囲選択 → コピー。
② Excel ブック「4_3購買管理システム」のシート［検収ファイル］のセル番地 J1 をクリック → 貼り付け。
③ シート［支払ファイル］のセル番地 H1 をクリック → 貼り付け。
④ この Excel ブックを上書き保存する。

実習 4−5　購買管理システムの運用：2月検収業務と支払業務

【実習の目的】
　この実習では，検収業務と支払業務ごとに構成されている各業務データファイルへ，検収データと支払データを入力し，格納する。
【実習データの準備】
　□　Excel ブック「4_3購買管理システム」を開く。

実習4−5−(1)　2月検収データの入力

　「共通取引モデル」の2月取引にもとづいて，シート［検収ファイル］に検収業務データを入力する。なお，消費税に関する入力は検収データ入力時には行わず，自動仕訳の際に自動的に行う。
① 図表4−14のように，シート［検収ファイル］のセル番地 A2 から右方向に業務データを1行目のデータ項目にしたがって入力する。

図表 4 − 14　2 月検収ファイルの内容

	A	B	C	D	E	F	G	H
1	取引日	取引区分	部門	商品	商品区分	数量	金額	取引先
2	2月10日	3	1	101	1	10	700,000	82
3	2月10日	3	1	102	1	15	1,950,000	82
4	2月12日	3	1	201	2	20	900,000	84
5	2月12日	3	1	202	2	50	800,000	84
6	2月15日	3	1	301	3	20	220,000	86
7	2月15日	3	1	302	3	30	135,000	86
8	2月20日	3	1	103	1	20	700,000	82

実習 4−5−(2)　2 月（買掛）支払業務データの入力

「共通取引モデル」の 2 月取引「買掛支払」にもとづいて，シート［支払ファイル］に支払業務データを入力する。

① 図表 4 − 15 のように，シート［支払ファイル］のセル番地 A2 から右方向に業務データを 1 行目のデータ項目にしたがって入力する。

② 支払業務データの入力を終えたら，この Excel ブックを上書き保存する。

図表 4 − 15　2 月支払ファイルの内容

	A	B	C	D	E	F
1	取引日	取引区分	出金区分	銀行	金額	取引先
2	2月28日	9	1	22	2,849,000	82
3	2月28日	9	1	24	1,727,000	84
4	2月28日	9	1	24	390,500	86

実習 4−6　購買管理システムの構築：発送ファイルの設計と運用

【実習の目的】

　この実習では，購買管理システムのうち，振替発送業務の業務データを格納する発送ファイルの構築を課題とする。

　「共通取引モデル」では，商品の購買は本社の購買部で一括して行っており，杉並・川崎の各営業部では商品の購買は行っていない。その代わりにそれらの営業部は，販売に必要な商品は購買課に要求し，そこから商品を送ってもらう。したがって，購買課における振替発送業務は，杉並営業部と川崎営業部に要求された商品を発送する業務となる。発送データは，単なる本社と各営業部との間の商品の移送に過ぎないから，本来は会計取引の処理の対象とはならない。しかし，「共通取引モデル」では，各営業部の業績を明らかにするために，この発送データを会計処理の対象とする。

【実習データの準備】

　☐ Excel ブック「4_3 購買管理システム」を開く。

　☐ Excel ブック「4_1 マスターファイル」を開く。

実習 4－6－(1)　発送ファイルの構成定義

　図表 4 － 16 は，本社営業部購買課において，杉並営業部および川崎営業部への商品発送に関する発送データを入力する発送ファイルのデータ項目である。振替発送取引は本社営業部購買課のみで行われるので，「部門」には本社部門コードを，「発送先」には商品発送先の部門コードをそれぞれ入力する。

図表 4 － 16　発送ファイル

	A	B	C	D	E	F	G	H
1	取引日	取引区分	部門	商品	商品区分	数量	金額	発送先

① Excel ブック「4_3購買管理システム」のシート［発送ファイル］を開く。
② 図表 4 － 16 にしたがい，発送ファイルのデータ項目を 1 行目に入力する。

実習 4－6－(2)　各マスターファイルの参照

　業務データの入力において参照される，各マスターファイルをコピーする。
① Excel ブック「4_1マスターファイル」のシート［業務マスター］のセル番地 A1 ～ B30 を範囲選択 → コピー。
② Excel ブック「4_3購買管理システム」のシート［発送ファイル］のセル番地 J1 をクリック → 貼り付け。

実習 4－6－(3)　発送データの入力

　「共通取引モデル」の 2 月取引にもとづいて，シート［発送ファイル］に振替発送業務データを入力する。なお，振替発送業務は本社営業部購買課で行うので，「部門」コードは「1」となる。また，「発送先」は各営業部となる。
① 図表 4 － 17 のようにシート［発送ファイル］のセル番地 A2 から右方向に業務データを 1 行目のデータ項目にしたがって入力する。ただし，「取引日」にデータを入力すると G 列には「＊＊＊＊＊＊（アスタリスク）」が自動的に表示されるのでデータ入力の必要はない。

図表 4 － 17　2 月発送ファイルの内容

	A	B	C	D	E	F	G	H
1	取引日	取引区分	部門	商品	商品区分	数量	金額	発送先
2	2月2日	5	1	102	1	10	＊＊＊＊＊＊	2
3	2月2日	5	1	301	3	10	＊＊＊＊＊＊	2
4	2月2日	5	1	302	3	10	＊＊＊＊＊＊	2
5	2月21日	5	1	102	1	5	＊＊＊＊＊＊	3
6	2月21日	5	1	202	2	5	＊＊＊＊＊＊	3
7	2月21日	5	1	301	3	5	＊＊＊＊＊＊	3

　本社から各営業部へ商品を移送する場合に，その商品の払出単価を計算し，価格を決定しなければならない。払出単価の計算を行うためには，少なくとも購買管理システムや販売管理システムから商品の受け払いに関する数量・単価などのデータが供給され，商品の受け払いをそのつど記録しなければならない。しかし，準統合型取引処理システムでは，それぞれの業務データは各業務管理システム上で格納されている。それらの業務データにもとづいて払出単価を計算するためには，各システム上で格納されているデータを収集する必要がある。「共通取引モデル」での払出単価の計算では，商品の購買データ（受入データ）と販売・発送データ（払出データ）を計算対象とするが，準統合型取引処理システムの特徴はバッチ処理であるから，モデルでのデータ処理は月末となる。したがって，商品を本社から各営業部に振替発送する段階では，その払出単価は計算されていないことになるので，「金額」欄にはアスタリスクが表示されている。なお，この発送データは，本社営業部の払出単価の計算においては，各営業部へ発送したデータが商品の払出データとして利用され，一方，そのデータは各営業部における払出単価の計算において受入データとして用いられることになる。

4 業務データファイルの結合と棚卸資産処理

　購買業務は本社での商品受け入れ，商品発送業務は本社での商品の払い出しと各営業部での商品の受け入れを意味する。販売業務は，各部門での商品の払い出しを意味する。発送業務を含め，商品売買取引はある部門の商品在庫変動を生じさせ，各部門の損益計算において売上原価算定の要素となる。ここでは各業務データファイルを結合し，それにもとづいて部門ごとに商品有高帳を作成し，各部門の月末在庫残高明細を確定する。この処理を実行すると，商品発送にともなう営業部への振替原価が明らかにされ，それを結合された業務ファイルに自動転記し，すべての業務データにおける金額が確定される。そのようにして更新されるファイルは，後の自動仕訳に使用される会計目的の業務マスターファイルとなる。

　また，本社営業部から各営業部への商品の発送には，振替価格を用いて処理する。しかし，これは基本的には単に商品の企業内部での移転に過ぎないのであって，本来の会計上の取引ではない。振替価格を設定するのは，各営業部門の経営成績を明らかにするためである。振替価格には，原価による場合と原価に利益を加えた額による場合とがあるが，本モデルでは前者である。

実習 4—7 棚卸資産管理サブシステムの構築

【実習の目的】

　この実習では，月次移動平均法によって部門別に商品有高帳作成の処理を行い，商品の払出単価および在庫単価の計算によって，各商品の払出金額および在庫金額を確定する機能を有する棚卸資産管理サブシステムを構築する。このシステムでは，商品有高帳を作成する処理はプログラム（マクロ）によって行われるが，プログラムはすでに組み込まれているので，ここでは商品有高帳フォームの設計のみ行う。

【実習データの準備】

☐　Excel ブック「4_4 棚卸資産管理サブシステム」を個人のドライブにダウンロードして，この Excel ブックを開く。

☐　Excel ブック「4_1 マスターファイル」を開く。

実習4−7−(1) シート［商品受払］の設計（在庫マスターのコピー）

　シート［商品受払］は，各業務管理システムの業務データファイルを入力し，それを棚卸資産処理して，振替原価と月末在庫を計算するための処理を行う。シート［商品受払］では，A列からH列には各業務データファイルが入力される。またM1からU7には月初（前月）の在庫データが入力される。これらのデータを対象にして棚卸資産処理を行い，業務データファイルの金額欄を確定するとともに，M10 〜 U16に月末在庫データを更新することになる。

①　Excel ブック「4_1 マスターファイル」のシート［業務マスター］のセル番地 A12 〜 B18 を範囲選択 → コピー。

②　Excel ブック「4_4 棚卸資産管理サブシステム」のシート［商品受払］のセル番地 K1 をクリック → 貼り付け。

③　シート［商品受払］のセル番地 K10 をクリック → 貼り付け。

実習4−7−(2) 商品有高帳フォームの設計

　シート［本社］，［杉並］および［川崎］は，商品有高帳の出力フォームとなる。商品有高帳は，部門ごとに出力される。

①　Excel ブック「4_4 棚卸資産管理サブシステム」のシート［本社］を開き，図表 4 − 18 にしたがってセル番地 A2 と A4 〜 J4 に項目名を入力する。

図表 4 − 18　商品有高帳フォーム

②　同様にシート［杉並］とシート［川崎］にも入力する。ただし，A2には，それぞれ「杉並営業部」と「川崎営業部」を入力する。

③　この Excel ブックを上書き保存する。

実習 **4−8** 棚卸資産管理サブシステムの運用

【実習の目的】

　この実習では，月末時点で会計データ生成のために各業務データファイルを結合し，商品別の払出単価を月次移動平均法で算定する。その結果，未確定だった各営業部への商品発送に関する振替原価が確定し，各業務データファイルを自動仕訳の対象データとなる業務取引マスターファイルとして更新する。また，棚卸資産の月末在庫残高を確定し，在庫ファイルを更新する。

【実習データの準備】

　　□　Excel ブック「4_4 棚卸資産管理サブシステム」を開く。

　　□　Excel ブック「4_1 マスターファイル」を開く。

　　□　Excel ブック「4_2 販売管理システム」を開く。

　　□　Excel ブック「4_3 購買管理システム」を開く。

実習 4−8−(1)　各業務データの入力

　総勘定元帳システムの棚卸資産管理サブシステムにおいて，商品在庫の評価計算を行い，振替価格と月末在庫金額を確定するために，月末時点において1カ月分の業務データが各業務システムから総勘定元帳システムへ送信される。販売管理システムからは出荷データが，購買管理システムからは検収データと発送データが送信される。

① 2月出荷データをコピーする。Excel ブック「4_2 販売管理システム」のシート［出荷ファイル］のセル番地 A2 〜 H13（データ項目を含めない）を範囲選択 → コピー。

② Excel ブック「4_4 棚卸資産管理サブシステム」のシート［商品受払］のセル番地 A1 をクリック → 貼り付け。

③ 2月検収データをコピーする。Excel ブック「4_3 購買管理システム」のシート［検収ファイル］のセル番地 A2 〜 H8（データ項目を含めない）を範囲選択 → コピー。

④ Excel ブック「4_4 棚卸資産管理サブシステム」のシート［商品受払］のセル番地 A13 をクリック → 貼り付け。

⑤ 2月発送データをコピーする。Excel ブック「4_3 購買管理システム」のシート［発送ファイル］のセル番地 A2 〜 H7（データ項目を含めない）を範囲選択 → コピー。

⑥ Excel ブック「4_4 棚卸資産管理サブシステム」のシート［商品受払］のセル番地 A20 をクリック → ＜ホーム＞タブの＜貼り付け▼＞ボタンの下部をクリック → ［形式を選択して貼り付け（S）］をクリック → ［形式を選択して貼り付け］画面の［貼り付け］の［値と数値の書式（U)］をクリックし，［OK］ボタンをクリック。

実習 4−8−(2)　在庫データのコピー

2月の払出単価を計算するために，月初在庫データを入力する。

① Excel ブック「4_1 マスターファイル」のシート［在庫マスター］のセル番地 C3 〜 K9 を範囲選択 → コピー。

② Excel ブック「4_4 棚卸資産管理サブシステム」のシート［商品受払］のセル番地 M1 を

クリック → 形式を選択して貼り付け (値と数値の書式)。

（実習 4−8−(3)）商品有高帳の作成

2 月商品有高帳を部門別に作成する。

① 数式バーの上に［セキュリティの警告］が表示されている場合は，［コンテンツの有効］ボタンをクリックする。

② ＜表示＞タブの＜マクロ＞グループから＜マクロ＞ボタンの上部をクリック → ［マクロ］画面の［マクロ名 (M)］の「商品有高帳」をクリック → ［実行 (R)］ボタンをクリック。または，シート［商品受払］のシート上に配置されている＜商品有高帳作成＞ボタンをクリック。

③ 画面「商品コードを入力してください」で商品コード「101」を半角で入力 → ［OK］ボタンをクリック。

シート［本社］(図表 4 − 19)，［杉並］および［川崎］には，それぞれ「101 ノート PC」の商品有高帳が作成されている。また，シート［商品受払］のセル番地 M10 〜 U16 には，部門別に商品ごとの月末在庫金額が更新されている。

④ 上述の操作を繰り返して，商品コード「102, 103, 201, 202, 301, 302」についても処理を行う。

図表 4 − 19　商品有高帳

	A	B	C	D	E	F	G	H	I	J
1	商品有高帳									
2	本社営業部				101 ノート PC					
3			［　受　入　］			［　払　出　］			［　残　高　］	
4	日付	数量	単価	金額	数量	単価	金額	数量	単価	金額
5	前月繰越	30	80,000	2,400,000				30	80,000	2,400,000
6	2月10日	10	70,000	700,000				40	77,500	3,100,000
7	次月繰越				40	77,500	3,100,000			
8		40		3,100,000	40		3,100,000			

（実習 4−8−(4)）売買取引データと在庫残高データの更新

「実習 4 − 8 − (3)」の処理の結果，商品発送にともなう各部門への振替原価が算定され，その結果が結合された業務データファイルに転記され更新されている。図表 4 − 20 は，更新された振替原価が転記された更新済みの業務データである。図表の 4 〜 6 行目と 20 〜 22 行目が転記された振替原価を示している。この更新済みの業務データは，自動仕訳処理への入力となるので，これを業務取引マスターファイルに格納する。また，図表 4 − 21 のとおり各部門の月末在庫残高が更新されており，これは次月の月初在庫残高データとなるので在庫マスターに保存する。

98

図表4－20　更新された2月業務データ

	A	B	C	D	E	F	G	H
1	2月1日	1	3	101	1	5	700,000	52
2	2月1日	1	3	103	1	5	300,000	52
3	2月1日	1	3	201	2	5	400,000	52
4	2月2日	5	1	102	1	10	1,500,000	2
5	2月2日	5	1	301	3	10	100,000	2
6	2月2日	5	1	302	3	10	46,000	2
7	2月4日	1	1	103	1	20	1,200,000	54
8	2月4日	1	1	201	2	10	800,000	54
9	2月4日	1	1	202	2	10	250,000	54
10	2月10日	3	1	101	1	10	700,000	82
11	2月10日	3	1	102	1	15	1,950,000	82
12	2月10日	1	1	102	1	10	1,800,000	56
13	2月10日	1	2	301	3	10	200,000	56
14	2月10日	1	2	302	3	10	75,000	56
15	2月12日	3	1	201	2	20	900,000	84
16	2月12日	3	1	202	2	50	800,000	84
17	2月15日	3	1	301	3	20	220,000	86
18	2月15日	3	1	302	3	30	135,000	86
19	2月20日	3	1	103	1	20	700,000	82
20	2月21日	5	1	102	1	5	675,000	3
21	2月21日	5	1	202	2	5	80,909	3
22	2月21日	5	1	301	3	5	54,000	3
23	2月28日	1	3	102	1	5	900,000	52
24	2月28日	1	3	202	2	5	125,000	52
25	2月28日	1	3	301	3	5	100,000	52

図表4－21　更新された2月在庫データ

	K	L	M	N	O	P	Q	R	S	T	U
10	101	ノートPC	40	77,500	3,100,000	15	80,000	1,200,000	3	80,000	240,000
11	102	デスクトップPC	15	135,000	2,025,000	8	150,000	1,200,000	4	141,667	566,667
12	103	タブレットPC	30	36,000	1,080,000	10	38,000	380,000	3	38,000	114,000
13	201	レーザーPR	25	46,000	1,150,000	9	50,000	450,000	2	50,000	100,000
14	202	インクジェットPR	50	16,182	809,091	4	18,000	72,000	2	16,701	33,403
15	301	ハードディスク	20	10,800	216,000	5	10,000	50,000	6	10,364	62,182
16	302	無線LAN	32	4,506	144,200	3	4,600	13,800	3	4,600	13,800
17						月末在庫データ					

① シート［商品受払］のセル番地 A1 ～ H25 を範囲選択 → コピー。

② Excel ブック「4_1 マスターファイル」のシート［売買取引マスター］のセル番地 A2 をクリック → 貼り付け。

③ Excel ブック「4_4 棚卸資産管理サブシステム」のシート［商品受払］のセル番地 M10 ～ U16 を範囲選択 → コピー。

④ Excel ブック「4_1 マスターファイル」のシート［在庫マスター］の C13 をクリック → 貼り付け。

実習4－8－(5) 回収・支払データの更新

販売管理システムの回収ファイルと購買管理システムの支払ファイルも，売買取引の業務ファイルのデータと同様に，自動仕訳処理の対象となる。ここでは，回収ファイルと支払ファイルのデータを，業務マスターファイルに更新する処理を行う。

① Excel ブック「4_2 販売管理システム」のシート［回収ファイル］を開き，2月分の回収デー

タであるセル番地 A2 ～ F4 を範囲選択 → コピー。

② Excel ブック「4_1 マスターファイル」のシート［回収支払取引マスター］のセル番地 A2 をクリック → 貼り付け。

③ Excel ブック「4_3 購買管理システム」のシート［支払ファイル］を開き，2 月分の支払データであるセル番地 A2 ～ F4 を範囲選択 → コピー。

④ Excel ブック「4_1 マスターファイル」のシート［回収支払取引マスター］のセル番地 A5 をクリック → 貼り付け。

⑤ この Excel ブックを上書き保存する。

5 自動仕訳

これまでに更新された業務マスターファイルであるシート［売買取引マスター］とシート［回収支払取引マスター］を，総勘定元帳システムに入力可能なように，主要勘定と補助勘定をともなう仕訳形式に変換する。また，棚卸資産会計処理の結果として確定された，月末在庫データであるシート［在庫マスター］にもとづいて，月次決算における売上原価算定に関する自動仕訳も同時に行う。本実習のモデルにおける自動仕訳への対応方法は，各業務管理システムにおいて更新された業務データを，月末に本社管理部経理課へ送信し，総勘定元帳システム側でコンピュータ・プログラムによって自動仕訳を行う。

（1）売上勘定と仕入勘定

モデルでは，売上勘定および仕入勘定については，商品系列別の業績評価を行うことを前提にして，商品系列ごとに主要勘定科目を設定する。例えば，営業品目がパソコン（ノート PC，デスクトップ PC，タブレット PC）に関する売買では「パソコン売上高」勘定と「パソコン仕入高」勘定を用いる。これによって，商品系列ごとの損益を明らかにすることができる。その他の営業品目と主要勘定科目との関係は図表 4 － 22 に示される。

図表 4 － 22　売上勘定と仕入勘定

営業品目（商品系列）　　　　　　　　　　　勘定科目	出荷（販売）取引の勘定科目	検収（購買）取引の勘定科目
パソコン（ノート PC，デスクトップ PC，タブレット PC）	パソコン売上高	パソコン仕入高
プリンター（レーザー PR，インクジェット PR）	プリンター売上高	プリンター仕入高
関連用品（ハードディスク，無線 LAN）	関連品売上高	関連品仕入高

（2）内訳としての補助科目

第 3 章で学習したように，総勘定元帳システムにおける勘定科目の登録は主要簿の出力を可能とする。一方，主要簿以外の補助元帳や部門別の損益情報などを出力可能とするためには，勘定科目に別のデータ項目として補助科目を付帯させる必要がある。補助科目は，ある勘定科目の内

訳科目として位置づけられ，業務に役立つ明細情報を明らかにすることができる。明細情報としての補助元帳等を出力するためには，勘定科目と銀行口座や取引先の補助科目とを関連づけて，会計取引ファイルに格納することが必要である。

　このモデルでは，部門別損益計算書，得意先元帳および仕入先元帳を出力するために，主要勘定に対して業務ファイル上の部門や取引先のフィールドを結び付けて，補助科目を付帯した自動仕訳を行う。売上勘定および仕入勘定に部門を，売掛金勘定に得意先を，買掛金勘定に仕入先をそれぞれ補助科目とする。主要勘定と補助科目との関係は，図表4－23に示される。

図表4－23　補助科目

主要勘定	補助科目（部門）		主要勘定	補助科目（取引先）
パソコン売上高	本社営業部			中央電機
プリンター売上高	杉並営業部		売掛金	高千穂物産
関連品売上高	川崎営業部			専修カメラ
パソコン仕入高	本社営業部			アオヤマ製作所
プリンター仕入高	杉並営業部		買掛金	ミツワ電子
関連品仕入高	川崎営業部			アジアニクス

（3）各営業部への商品発送に関する仕訳

　振替取引の振替原価は，先の棚卸資産会計処理で確定しているので，商品の発送に関する自動仕訳では，その振替原価を用いて仕入勘定の部門振替の仕訳を行う。例えば，2月2日の本社営業部から杉並営業部への商品（デスクトップPC）発送に関する仕訳は次のようになる。

　　（借方）パソコン仕入高（杉並営業部）×××　　（貸方）パソコン仕入高（本社営業部）×××

（4）データ項目と自動仕訳との関係

　本モデルでの自動仕訳は，売買取引の業務取引マスターファイル上のデータ項目「取引区分」，「部門」，「商品区分」および「相手先」の4つの組み合わせから生成される。また，回収支払取引の業務取引マスターファイル上のデータ項目「取引区分」，「入出金区分」，「銀行CD」および「相手先」の4つの組み合わせから生成される。例えば，図表4－24のように2月1日の川崎営業部から中央電機への商品（ノートPC）の販売取引は次のように自動仕訳される。

図表4－24　業務データと自動仕訳との関係

取引日	取引区分	部門コード	商品コード	商品区分	数量	金額	相手先
2月1日	1	3	101	1	5	700,000	52
	↓	↓	↓	↓			↓
	販売取引	川崎営業部	ノートPC	パソコン			中央電機

（借方）売　掛　金（中央電機）770,000　　（貸方）パソコン売上高（川崎営業部）700,000
仮　受　消　費　税　　　　　　　　70,000

　売買取引に関する業務取引マスターファイル上の「取引区分」は販売取引・購買取引・発送振替取引の取引種別を，「部門」は取引主体である本社・杉並・川崎の各部門を，「商品区分」はパソコン・プリンター・関連用品の商品系列を，および「相手先」は販売取引であれば得意先，購買取引であれば仕入先，振替発送取引であれば発送先部門をそれぞれ決定する。

　具体的に業務取引マスターファイルから自動仕訳を生成するために，最初に「取引区分」のコードによって販売取引・購買取引・振替発送取引・回収取引・支払取引が特定され，基本的な仕訳のパターンが決定する。図表 4 − 24 のように，取引区分コードが「1」であれば販売取引が特定され，借方に「売掛金」勘定と貸方に「売上高」勘定・「仮受消費税」勘定の仕訳パターンが決定する。一般的な自動仕訳では，取引区分コードに対応した仕訳を仕訳テーブル（仕訳辞書）に定義しておき，自動仕訳処理において業務データにもとづいて該当する仕訳パターンを自動的に選択することになる。

　次に，商品区分「1」によって「パソコン」が特定され，貸方の売上高勘定として「パソコン売上高」勘定が設定され，部門コード「3」で取引主体である「川崎営業部」が，貸方勘定の補助科目として設定され，相手先コード「52」によって得意先の「中央電機」が，借方勘定の補助科目として設定される。

実習 4−9　自動仕訳サブシステムの構築

【実習の目的】
　この実習では，「実習 4 − 8」で更新された業務取引マスターファイルを対象に，総勘定元帳システムに入力される仕訳データに変換する機能を備えた自動仕訳サブシステムを構築する。

【実習データの準備】
□　Excel ブック「4_5 自動仕訳サブシステム」を個人のドライブにダウンロードして，この Excel ブックを開く。
□　Excel ブック「4_1 マスターファイル」を開く。

実習4−9−(1)　自動仕訳サブシステムの設計

　Excel ブック「4_5 自動仕訳サブシステム」のシート［売買取引_自動仕訳］の A 列〜 H 列には販売取引，購買取引および振替発送取引の更新された業務取引マスターファイル上のデータが入力される。また，シート［回収支払取引_自動仕訳］の A 列〜 F 列には，回収取引と支払取引の業務取引マスターファイル上のデータが入力される。

　それぞれのシートに入力された業務取引マスターファイル上のデータに，先の自動仕訳の前提にしたがった仕訳パターンを適用して自動仕訳を生成する。それぞれのシートのセル番地 I30 〜 L30 には，仕訳パターンを判別するデータ項目が設定される。

①　Excel ブック「4_5 自動仕訳サブシステム」のシート［売買取引_自動仕訳］を開く。
②　図表 4 − 25 のように，セル番地 I30 〜 L30 にデータ項目を入力する。

図表 4 − 25　売買取引の自動仕訳判別データ項目

③　シート［回収支払取引 _ 自動仕訳］を開く。

④　図表 4 − 26 のように，セル番地 I30 〜 L30 にデータ項目を入力する。

図表 4 − 26　回収支払取引の自動仕訳判別データ項目

実習4−9−(2)　自動仕訳転記場所へのデータ項目の入力

①　シート［売買取引 _ 自動仕訳］を開く。

②　図表 4 − 27 のように，セル番地 N1 〜 W1 にデータ項目を入力する。

③　セル番地 N1 〜 W1 を範囲選択 → コピー。

④　シート［回収支払取引 _ 自動仕訳］のセル番地 N1 をクリック → 貼り付け。

図表 4 − 27　自動仕訳のデータ項目

実習4−9−(3)　勘定マスターのコピー

　自動仕訳の処理で必要となる部門マスター，取引先マスター，商品マスターおよび自動仕訳勘定マスターをコピーする。ただし，部門マスターは I1 〜 J3，取引先マスターは I4 〜 J11，商品マスターは A50 〜 B56 と A60 〜 B66 に，それぞれのシートにすでにコピーしてある。ここでは，自動仕訳に用いられる勘定マスターのみコピーする。

①　Excel ブック「4_1 マスターファイル」のシート［業務マスター］のセル番地 D2 〜 E17 を範囲選択 → コピー。

②　Excel ブック「4_5 自動仕訳サブシステム」のシート［売買取引 _ 自動仕訳］のセル番地 I12 をクリック → 貼り付け。

③　シート［回収支払取引 _ 自動仕訳］のセル番地 I12 をクリック → 貼り付け。

実習 4−10　自動仕訳サブシステムの運用

【実習の目的】

　この実習では，自動仕訳サブシステムにおいて売買取引と回収支払取引ごとに自動仕訳処理を行う。なお，売上原価算定のための月末商品棚卸高に関する仕訳も同時に行われる。

【実習データの準備】

　□　Excel ブック「4_5 自動仕訳サブシステム」を開く。

　□　Excel ブック「4_1 マスターファイル」を開く。

実習 4−10−(1)　売買取引マスターファイル (2月分) の入力

①　Excel ブック「4_1 マスターファイル」のシート［売買取引マスター］のセル番地 A2 〜 H26 を範囲選択 → コピー。

②　Excel ブック「4_5 自動仕訳サブシステム」のシート［売買取引_自動仕訳］のセル番地 A2 をクリック → 貼り付け。

実習 4−10−(2)　回収支払取引マスターファイル (2月分) の入力

①　Excel ブック「4_1 マスターファイル」のシート［回収支払取引マスター］のセル番地 A2 〜 F7 を範囲選択 → コピー。

②　Excel ブック「4_5 自動仕訳サブシステム」のシート［回収支払取引_自動仕訳］のセル番地 A2 をクリック → 貼り付け。

実習 4−10−(3)　商品棚卸高データ (1月末・2月末分) の入力

①　Excel ブック「4_1 マスターファイル」のシート［在庫マスター］のセル番地 C3 〜 K9 を範囲選択 → コピー。

②　Excel ブック「4_5 自動仕訳サブシステム」のシート［売買取引_自動仕訳］のセル番地 C50 をクリック → 貼り付け。

③　Excel ブック「4_1 マスターファイル」のシート［在庫マスター］のセル番地 C13 〜 K19 を範囲選択 → コピー。

④　Excel ブック「4_5 自動仕訳サブシステム」のシート［売買取引_自動仕訳］のセル番地 C60 をクリック → 貼り付け。

実習 4−10−(4)　商品売買取引の自動仕訳の実行

①　数式バーの上に［セキュリティの警告］が表示されている場合は，［コンテンツの有効］ボタンをクリックする。

②　＜表示＞タブの＜マクロ＞グループから＜マクロ＞ボタンの上部をクリック → ［マクロ］画面の［マクロ名 (M)］の「商品売買取引の自動仕訳」をクリック → ［実行 (R)］ボタンをクリック。または，シート［売買取引_自動仕訳］のシート上に配置されている＜商

品売買取引の自動仕訳＞ボタンをクリック（図表4－28は処理結果）。

実習4－10－(5) 月末商品棚卸高の自動仕訳の実行

① シート［売買取引_自動仕訳］のシート上に配置されている＜月末商品棚卸の自動仕訳＞ボタンをクリック（図表4－28は処理結果）。

実習4－10－(6) 回収支払取引の自動仕訳の実行

① シート［回収支払取引_自動仕訳］のシート上に配置されている＜回収支払取引の自動仕訳＞ボタンをクリック（図表4－29は処理結果）。

実習4－10－(7) 自動仕訳結果を会計取引ファイルへ格納

① シート［売買取引_自動仕訳］のセル番地N2～W32を範囲選択 → コピー。
② Excelブック「4_1マスターファイル」のシート［会計取引ファイル2月］のセル番地A2をクリック → 形式を選択して貼り付け（値と数値の書式）。
③ Excelブック「4_5自動仕訳サブシステム」のシート［回収支払取引_自動仕訳］のセル番地N2～W7を範囲選択 → コピー。
④ Excelブック「4_1マスターファイル」のシート［会計取引ファイル2月］のセル番地A33をクリック → 形式を選択して貼り付け（値と数値の書式）。
⑤ このExcelブックを上書き保存する。

図表4－28　2月商品売買取引と月末商品棚卸高の自動仕訳

	N	O	P	Q	R	S	T	U	V	W	X
1	日付	借方コード	借方勘定	借方補助CD	借方補助	貸方コード	貸方勘定	貸方補助CD	貸方補助	金額	
2	2月28日	155	売掛金	54	高千穂物産	511	パソコン売上高	1	本社営業部	1,200,000	販売
3	2月28日	155	売掛金	54	高千穂物産	330	仮受消費税			120,000	
4	2月28日	155	売掛金	54	高千穂物産	512	プリンター売上高	1	本社営業部	1,050,000	
5	2月28日	155	売掛金	54	高千穂物産	330	仮受消費税			105,000	
6	2月28日	155	売掛金	56	専修カメラ	511	パソコン売上高	2	杉並営業部	1,800,000	
7	2月28日	155	売掛金	56	専修カメラ	330	仮受消費税			180,000	
8	2月28日	155	売掛金	56	専修カメラ	513	関連品売上高	2	杉並営業部	275,000	
9	2月28日	155	売掛金	56	専修カメラ	330	仮受消費税			27,500	
10	2月28日	155	売掛金	52	中央電機	511	パソコン売上高	3	川崎営業部	1,900,000	
11	2月28日	155	売掛金	52	中央電機	330	仮受消費税			190,000	
12	2月28日	155	売掛金	52	中央電機	512	プリンター売上高	3	川崎営業部	525,000	
13	2月28日	155	売掛金	52	中央電機	330	仮受消費税			52,500	
14	2月28日	155	売掛金	52	中央電機	513	関連品売上高	3	川崎営業部	100,000	
15	2月28日	155	売掛金	52	中央電機	330	仮受消費税			10,000	
16	2月28日	616	パソコン仕入高	1	本社営業部	315	買掛金	82	アオヤマ製作所	3,350,000	購買
17	2月28日	185	仮払消費税			315	買掛金	82	アオヤマ製作所	335,000	
18	2月28日	617	プリンター仕入高	1	本社営業部	315	買掛金	84	ミツワ電子	1,700,000	
19	2月28日	185	仮払消費税			315	買掛金	84	ミツワ電子	170,000	
20	2月28日	618	関連品仕入高	1	本社営業部	315	買掛金	86	アジアニクス	355,000	
21	2月28日	185	仮払消費税			315	買掛金	86	アジアニクス	35,500	
22	2月28日	616	パソコン仕入高	2	杉並営業部	616	パソコン仕入高	1	本社営業部	1,500,000	振替発送
23	2月28日	616	パソコン仕入高	3	川崎営業部	616	パソコン仕入高	1	本社営業部	675,000	
24	2月28日	617	プリンター仕入高	3	川崎営業部	617	プリンター仕入高	1	本社営業部	80,909	
25	2月28日	618	関連品仕入高	2	杉並営業部	618	関連品仕入高	1	本社営業部	146,000	
26	2月28日	618	関連品仕入高	3	川崎営業部	618	関連品仕入高	1	本社営業部	54,000	
27	2月28日	620	期末商品棚卸高	1	本社営業部	170	商品			7,015,200	月次決算
28	2月28日	620	期末商品棚卸高	2	杉並営業部	170	商品			3,365,800	
29	2月28日	620	期末商品棚卸高	3	川崎営業部	170	商品			2,003,800	
30	2月28日	170	商品			620	期末商品棚卸高	1	本社営業部	8,524,291	
31	2月28日	170	商品			620	期末商品棚卸高	2	杉並営業部	3,365,800	
32	2月28日	170	商品			620	期末商品棚卸高	3	川崎営業部	1,130,051	

図表 4 − 29　2 月回収・支払取引の自動仕訳

	N	O	P	Q	R	S	T	U	V	W	X
1	日付	借方コード	借方勘定	借方補助CD	借方補助	貸方コード	貸方勘定	貸方補助CD	貸方補助	金額	
2	2月28日	120	当座預金	22	東京AIS銀行	155	売掛金	54	高千穂物産	2,365,000	売掛
3	2月28日	120	当座預金	24	関東銀行	155	売掛金	52	中央電機	2,640,000	回収
4	2月28日	150	受取手形			155	売掛金	56	専修カメラ	2,282,500	
5	2月28日	315	買掛金	82	アオヤマ製作所	120	当座預金	22	東京AIS銀行	2,849,000	買掛
6	2月28日	315	買掛金	84	ミツワ電子	120	当座預金	24	関東銀行	1,727,000	支払
7	2月28日	315	買掛金	86	アジアニクス	120	当座預金	24	関東銀行	390,500	

　自動仕訳処理における仕訳パターンには，業務データを伝票単位のように個別取引ごとに仕訳するパターンと，一定期間ごとに同種取引を合計して仕訳するパターンとがある。この準統合型取引処理システム・モデルでは，自動仕訳を判別する 4 つのフィールドの組み合わせがまったく同じである取引は，取引金額を合算して，1 つの仕訳として自動仕訳される。1 カ月分の業務データが月末にまとめて自動仕訳処理され，合計仕訳として総勘定元帳システムにインプットされる。総勘定元帳システム側では取引の明細については確認することはできないが，取引の内容別に取引金額が合算されていても財務諸表の出力の要件を満たすことはできる。したがって，取引の明細は，業務を遂行する上で必要となる業務システム上のみで確認されることになり，総勘定元帳システムへは財務諸表作成に最低限必要な仕訳が入力されることになる。このように準統合型取引処理システム・モデルの特徴は，業務システムと総勘定元帳システムとがファイルを介した結合関係を有しているに過ぎず，取引処理の合理化がシステム構築の基本となる。

6　5 勘定法による月次決算

　第 3 章では，年次決算を前提とした 5 勘定法による棚卸資産に関する決算整理仕訳について学習した。図表 4 − 28 の自動仕訳結果の月次決算の売上原価算定に関する仕訳を確認すると，次のような仕訳処理がなされている。

　　　　（借方）期末商品棚卸高 ×××　／　（貸方）商　　　　　品 ×××
　　　　　　　　商　　　　　品 ×××　／　　　　　期末商品棚卸高 ×××

　この仕訳の上段では，各勘定に計上されている前月の月末商品棚卸金額を相殺し，下段の仕訳で当月の月末商品棚卸金額を新たに各勘定に計上しているのである。すなわち，この仕訳は，「商品」勘定と「期末商品棚卸高」勘定の中で毎月の在庫変動を把握していることになる。ただし，この仕訳は会計期間の期首月を除いた月次決算で行われる決算整理仕訳であり，会計期間の期首月では年次決算と同じ仕訳が行われる。なお，本モデルにおいては，部門別損益計算書の作成を前提としているので，売上原価算定に関する仕訳も部門別に行われている。

　図表 4 − 30 は，2 月分の自動仕訳データを総勘定元帳システムで処理し，全社の合計残高試算表（損益計算書）を出力したものである。なお，各「仕入高」勘定の「貸方金額」欄は，各営業部への振替金額を示している。また，「期末商品棚卸高」勘定は，「前月残高」欄に表示されている前月末商品棚卸高¥12,384,800 が「借方金額」欄に集計され，さらに「貸方金額」欄に 2 月末日の商品棚卸高である¥13,020,142 が集計され，最終的に「当月残高」欄には，2 月末日の商品棚卸高である¥13,020,142 が算定されている。

図表 4 − 30　月次決算処理後の合計残高試算表（損益計算書）

	A	B	C	D	E
1	損　益　計　算　書				
2	20X1 年2月				
3	勘定科目	前月残高	借方金額	貸方金額	当月残高
4	［売上高］				
5	パソコン売上高	73,289,400	0	4,900,000	78,189,400
6	プリンター売上高	26,338,400	0	1,575,000	27,913,400
7	関連品売上高	14,886,900	0	375,000	15,261,900
8	売上高合計	114,514,700	0	6,850,000	121,364,700
9	［売上原価］				
10	期首商品棚卸高	9,907,840	0	0	9,907,840
11	パソコン仕入高	37,870,000	5,525,000	2,175,000	41,220,000
12	プリンター仕入高	13,609,600	1,780,909	80,909	15,309,600
13	関連品仕入高	7,692,400	555,000	200,000	8,047,400
14	仕入高合計	59,172,000	7,860,909	2,455,909	64,577,000
15	期末商品棚卸高	12,384,800	12,384,800	13,020,142	13,020,142
16	売上原価	56,695,040	-4,523,891	-10,564,233	61,464,698
17	売上総利益	57,819,660	4,523,891	17,414,233	59,900,002

　結局，先の売上原価算定のための月次決算仕訳を毎月繰り返し入力して処理することで，毎月末時点では「商品」勘定と「期末商品棚卸高」勘定の月末残高は，それぞれ各月末の商品棚卸高を示すことになる。また，期末決算時点での「商品」勘定と「期末商品棚卸高」勘定の期末残高は，それぞれ期末の商品棚卸高を示すことになる。

練習問題

設問4−1　統合型の取引処理システムにおける取引処理上の要件について説明しなさい。

設問4−2　独立型取引処理システムと準統合型取引処理システムの共通点と相違点を説明しなさい。

設問4−3　5勘定法にもとづいた売上原価算定の処理について，月次決算と年次決算における処理の共通点と相違点を800字程度で説明しなさい。

設問4−4　準統合型取引処理システム・モデルに3月取引を入力し，一連の処理によって3月自動仕訳に関する処理を行いなさい。

設問4−5　プログラムに関心のある読者は，「実習4−10」で処理した自動仕訳データを第3章で実習した総勘定システム・モデルで処理できるように改造しなさい。

第5章

統合型取引処理システムの構造

5−1　統合型取引処理システムの基本構造

1　業務管理システム側のデータフロー

　統合型取引処理システムは，業務サイクルで生じる取引（購買，販売，支払，回収等）が発生するつど，業務管理システム側で業務データを会計データ（仕訳データ）に自動仕訳するとともに，その会計データを総勘定元帳システムにオンラインでデータ送信することから，財務諸表をリアルタイムに産出する機能を有する。このリアルタイムによる財務諸表の産出は，技術的には，業務管理システム側から総勘定元帳システム側へのオンラインによる，データ送信および連携を可能にするネットワーク通信技術とデータベース技術によって支えられる。

　図表5−1は，「共通取引モデル」にもとづく統合型取引処理システムの構造を，システム・フローチャート（SFC：System Flow Chart）として示している（本章では，振替取引を管理する業務管理システムについては省略）。図表の左側には，本社営業部や各営業部における購買サイクル（購買および支払）と販売サイクル（販売および回収）が基幹業務として位置づけられる。そして，これらの地理的に異なる拠点や機能・組織を横断して発生する業務サイクルを管理するシステムとして，購買管理システム，販売管理システムが位置づけられている。ただし，統合型取引処理システムにおいては，これらのサイクルで発生する業務データは，業務管理システムごとに独立的に管理されるのではない。そうではなく，例えば，購買した商品と販売した商品を相互に結びつけることから差額として在庫残高が計算できるように，業務サイクル間の効率的なデータ連携を重視して管理される。そのために，業務データは，「総合業務データ」として業務間で共通利用することが可能になる。

　この総合業務データは，各種の会計情報を産出するためのインプットとして用いられる。図表の右上においては，このデータが総勘定元帳システムにインプットされることから，財務諸表が産出されるフローが示される。また，図表の右下においては，業務活動を効率的に進める上で不可欠な定型的な会計情報のフロー，対話的な操作により必要なタイミングで会計情報を出力する定型的・非定型的な会計情報のフローが示される。

2　業務管理システムから総勘定元帳システムへのデータフロー

　業務管理システム側から総勘定元帳システム側へのデータフローについては，総合業務データに保存される業務データの中で，財務諸表の作成のために必要となるデータが，自動仕訳を介して総勘定元帳システムへデータ送信されることになる。総勘定元帳システムへのデータ送信ならびに勘定残高の更新のタイミングが，取引の発生ないしは業務管理システムへのインプットとほぼ同時になされることから，統合型取引処理システムにおいては，リアルタイムないしはタイムリーな財務諸表の産出が可能になるという特徴を有している。

　なお，第3章および第4章で検討してきたように，財務諸表を作成するための総勘定元帳システムへ反映されるべき取引処理上の要件（勘定組織，二重性の原理，貸借平均の原理）は，いずれの取引処理システムにおいても備えるべき要件となる。統合型取引処理システムの場合，これらの

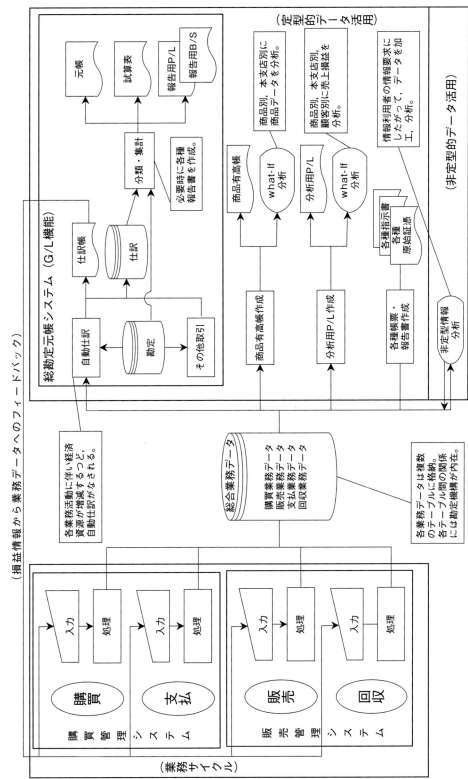

図表 5 ― 1　統合型取引処理システムの構造

注：本章のモデルでは、本社営業部から各営業部への商品の振替取引を管理する。業務管理システムについては省略されている。
出所：根本光明監修、河合久・成田博明編著『会計情報システム（改訂版）』創成社、2002 年、p.193（一部修正）。

要件は，準統合型取引処理システムと同様に，総勘定元帳システムへのデータ供給局面である自動仕訳処理に反映されることになる。

さらに，統合型を用いる場合，総勘定元帳システムと業務管理システムとの間のデータフローに関しては，業務管理システム側から総勘定元帳システム側へのフローのみならず，その反対のデータフローも実現できることから，双方向的な情報活用が期待される（図表5－1の中央上）。後者の一例として，総勘定元帳システムから出力される会計情報や会計データを，適宜，業務管理システム側で捕捉・管理される業務データと組み合わせる一体的な情報活用が可能になる。また，この取引処理システムにおいては，業務管理システムと総勘定元帳システムとが，ネットワークを介してデータ構造上統合されているために，必要に応じて，自動仕訳されたデータの源泉となる業務データへの問い合わせも容易に行うことが可能になる。なお，今日の情報環境においては，こうした総合業務データや会計データを，企業内部の会計情報の利用者がみずからの意思決定目的に積極的に利用していくことが期待されつつある。表計算ソフトやデータベースに付属するエスキューエル（SQL：Structured Query Language）と呼ばれる簡易プログラミングの普及により，こうした情報利用自身によるデータ活用の流れが増加してきている（具体例については，5－3－2で説明）。

5－2　統合型取引処理システムにおける商品売買処理

1 継続記録法による商品管理

統合型取引処理システムにおいては，日常的な商品売買取引が生じたつど，商品の増減を数量と金額の両面から捕捉する継続記録法による商品管理が行われる。伝統的な手記簿記の場合には，商品管理は，商品有高帳を設けることによって，商品の増減が先入先出法や移動平均法などの方法により記録されることにより，商品の種類ごとの在庫数量，金額，払出単価が明らかになる。その基礎となるデータは，これらの業務に対応する仕入帳や売上帳に記録される。

それに対して，データベース環境を想定して運用される統合型取引処理システムの場合には，この継続記録法による商品管理は，購買管理システム，販売管理システム，および商品の保管，在庫情報を管理する在庫管理システムを用いる。ここで在庫管理システムとは，販売管理システムと購買管理システムとの接点として位置づけられるシステムであり，購買した商品数量と販売した商品数量との差額である商品残高のみならず，商品の払出単価を明らかにする。すなわち，統合型の場合，在庫管理システムは，一定の期間の経過後に，関連するシステムから在庫データを集計したうえで払出単価を計算するのではなく，商品の増減に影響を及ぼす購買取引や販売取引の発生のつど，データベースの商品テーブル（「テーブル」は5－3－1で説明）の在庫残高や払出単価を更新する。そのために，在庫管理システムは，商品の増減に影響を及ぼす販売取引や購買取引に付随して機能することになる。

図表5－2は，購買取引と販売取引の発生のつど，商品の在庫残高情報や払出単価が計算および更新されるまでの流れをデータ・フロー・ダイアグラム（DFD：Data Flow Diagram）として描いたものである。図表5－2下は，購買取引をより詳細なレベル（1レベル）で示したものであり，

図表 5 － 2　購買・販売業務に伴う在庫管理のデータフロー

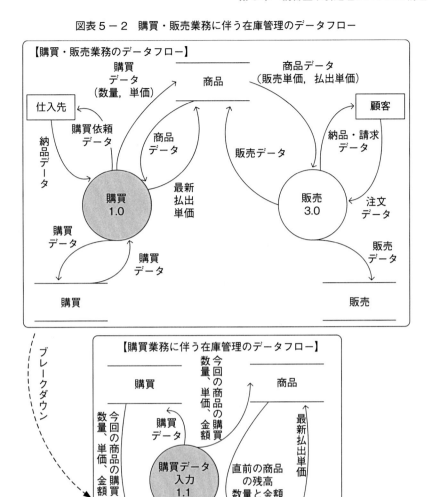

　移動平均法によって払出単価が更新されるまでのフローが示される。すなわち，購買テーブルから明らかになる今回の購買数量および購買金額と，商品テーブルから明らかになる商品の直前の在庫数量および在庫残高にもとづいて，商品別に下記の計算式を適用して各商品の払出単価が計算されるとともに，その数値が商品テーブルに更新されるまでのフローが示される。

$$\text{最新払出単価} = \frac{(\text{今回の購買金額} + \text{直前の在庫金額})}{(\text{今回の購買数量} + \text{直前の在庫数量})}$$

　図表 5 － 3 は，購買，販売業務で捕捉された取引データをもとに作成された商品有高帳フォームである。この商品有高帳フォームにより，営業部別かつ商品別に，商品の増加，減少の取引履歴，最新払出単価，最新仕入単価，最新販売日，最新仕入日などを把握できる。図表では，本社

図表 5－3　データベース環境下における商品有高帳フォーム

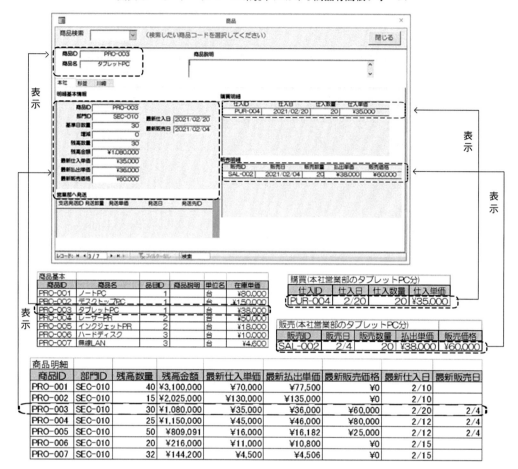

営業部の「商品基本」，「購買」，「販売」，および「商品明細」テーブルのデータにもとづいて，当該営業部が管理する商品「タブレットPC」の購買，販売にともなう取引データが表示される。

　2月20日現在における在庫数量残高は，基準日の30台から2月4日の販売にともなう20台が減少するとともに，2月20の購買にともなう20台が増加することから30台となる。また，2月20日の購買（20台，@¥35,000）にともない，タブレットPCの最新払出単価は，直前の在庫金額（@¥38,000）と在庫数量（10台）の数値を上記の計算式に適用することにより，以下のように@¥36,000として計算，表示される。また，在庫金額は，¥1,080,000（@¥36,000 × 30台）であることがわかる。

$$@¥36,000 = \frac{(20台 × @¥35,000) + ¥380,000}{(20台 + 10台)}$$

2　売上原価対立法による商品売買処理

　商品の増減を数量と金額の両面から捕捉する継続記録法による商品管理を前提とする場合，売

上原価は販売時点で明らかになるので，業務サイクルにおける会計事実を，より忠実に勘定機構に反映する売上原価対立法を適用することが可能になる。この仕訳を示せば以下のようになる。

①　購買時の仕訳

　（借方）商　　　品　　×××　　　　　（貸方）買　掛　金　　×××

　購買時には，上記の仕訳を行うことにより，購買取引にともない商品という資産が増加するとともに，購買価額の支払義務である負債が増加するという取引事実を明らかにする。

②　販売時の仕訳

　（借方）売　掛　金　　×××　　　　　（貸方）売　上　高　　×××
　（借方）売 上 原 価　　×××　　　　　（貸方）商　　　品　　×××

　販売時には，上記の２つの仕訳を行う。上段の仕訳は，掛けにて商品を販売した事実を明らかにする。下段の仕訳は，この売上高の獲得に要した商品の原価である売上原価（費用）の発生と，販売にともない商品が減少する取引事実を明らかにする。そして，この２つの仕訳より販売のつど，損益情報（売上高 − 売上原価）や，商品勘定においてはその時点における適正な商品の在庫金額が明らかになる。

❸ 統合型取引処理システムにおける自動仕訳

　統合型取引処理システムにおける自動仕訳は，取引種別ごとに事前に登録されている仕訳パターン（仕訳辞書）と，業務データにもとづいてプログラムによって作成される。すなわち，該当する取引の仕訳パターンと，実際の業務データから判明する日付，取引種別，金額，部門，商品コードなどの具体的な値にもとづいて，総勘定元帳システム側で受け入れ可能な仕訳データが作成される。

　図表５−４は，購買取引によって自動仕訳が作成され，それが「仕訳帳」テーブルに登録されるまでのフローを，DFD として表したものである。図表５−５は，共通取引モデルの２月 20日の取引【本社営業部「SEC-010」がタブレット PC「PRO-003」20 台（@￥35,000）を，仕入先である（株）アオヤマ製作所「SUP-001」より購買するという例（購買 ID「PUR-004」）】に関して，自動仕訳が作成および登録されるまでのフローを示したものである（ただし，消費税に関する仕訳は省略する）。

　すなわち，まず，取引種別に対応する自動仕訳の基本パターンが特定される。今回の例では，「購買」テーブルのフィールド「取引種別 ID」が掛仕入を意味する値「TORI-001」を手掛かりとして，「仕訳パターン」テーブル（図表５−６）を参照しつつ，売上原価対立法による「パソコンの購買」取引として登録される仕訳パターン「Siwa-003」が特定される。つぎに，「購買」と「購買−商品」テーブルから判明する取引日（2/1），借方金額（￥700,000），貸方金額（￥700,000），貸方補助 C（SUP-001），貸方補助勘定（（株）アオヤマ製作所），取引 ID（PUR-004）および部門（本社営業部 SEC-010）の値にもとづいて自動仕訳のデータが作成され，「仕訳帳」テーブルに登録される。なお，図表５−６は，統合型取引処理システムで定義される業務取引に対応する仕訳パターンの一例である。

図表5－4　購買取引の自動仕訳の流れ

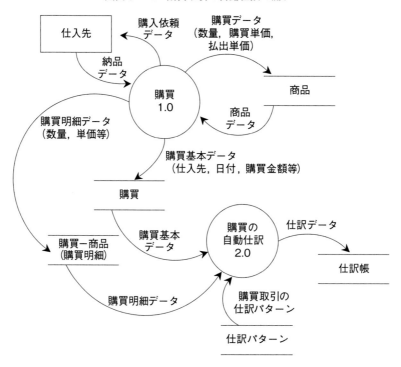

図表5－5　購買取引の関連テーブルと自動仕訳

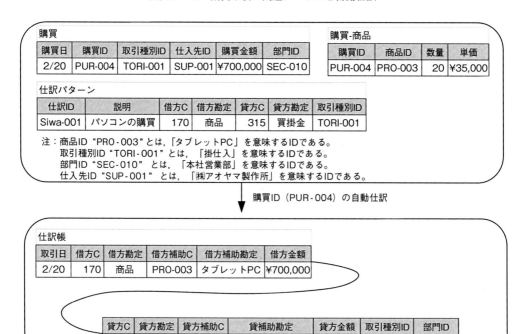

図表 5 − 6　仕訳パターン（仕訳辞書）の一例

仕訳ID	説明	借方C	借方勘定	貸方C	貸方勘定	取引種別ID
Siwa-001	パソコンの購買	170	商品	315	買掛金	TORI-001
Siwa-002	プリンターの購買	170	商品	315	買掛金	TORI-001
Siwa-003	関連品の購買	170	商品	315	買掛金	TORI-001
Siwa-004	パソコンの売上1	155	売掛金	510	売上高	TORI-005
Siwa-005	パソコンの売上2	645	売上原価	170	商品	TORI-004
Siwa-006	プリンターの売上1	155	売掛金	510	売上高	TORI-005
Siwa-007	プリンターの売上2	645	売上原価	170	商品	TORI-004
Siwa-008	関連品売上1	155	売掛金	510	売上高	TORI-005
Siwa-009	関連品売上2	645	売上原価	170	商品	TORI-004
Siwa-016	売掛金の回収（当座預金）	120	当座預金	155	売掛金	TORI-006
Siwa-017	売掛金の回収（手形）	150	受取手形	155	売掛金	TORI-007
Siwa-018	買掛金の支払（当座預金）	315	買掛金	120	当座預金	TORI-008
Siwa-019	買掛金の支払（手形）	315	買掛金	310	支払手形	TORI-009
Siwa-020	売上の消費税	155	売掛金	330	仮受消費税	TORI-010
Siwa-021	仕入の消費税	185	仮払消費税	315	買掛金	TORI-011

4　準統合型取引処理システムとの相違

　準統合型取引処理システムと統合型取引処理システムは，いずれも自動仕訳を介して業務管理システムと総勘定元帳システムとが連携しつつ，財務諸表を作成するという共通の特性を有している。しかしながら，総勘定元帳システム側での処理がバッチ処理であるのかそれともリアルタイム処理かという点においては異なる特性を有している。以下では，在庫管理システムに限定して両者の相違点を明らかにする。

　準統合型取引処理システムでは，販売業務と購買業務にともなう業務取引データは，個別のファイルとしてそれぞれ管理されることになる。在庫管理システムは，期末時点において購買ファイル，販売ファイルおよび在庫ファイルに保存される月初の商品データを合算したうえで，期末に払出単価の計算を行うとともに，期末商品の棚卸高を算定して在庫ファイルを更新する。そして，これらのデータにもとづいて，5勘定法による期末（月末）決算整理を行うことにより，損益計算書上の期首商品棚卸高，仕入高，期末商品棚卸高の残高を明らかにする。このようなバッチ処理による在庫管理を前提とする場合には，販売時点での商品別の売上総利益を把握することはできない。

　一方，統合型取引処理システムにおいては，先に説明してきたように，在庫残高，払出単価を計算する在庫管理システムは，商品を増減させる購買や販売取引に付随してほぼ同時に機能することになる。このような在庫管理システムの業務取引と連動した商品別の残高計算機能，払出単価機能があればこそ，販売時点において商品別の売上総利益を計算することができる。企業の内部の会計情報の利用者には，取引状況をより忠実に反映する会計情報を，業務状況のより的確な判断や業務管理に結びつけていくことが期待される。

　図表 5 − 7 は，準統合型取引処理システムと統合型取引処理システムにおいて，在庫管理システムの残高計算や払出単価の計算が，どのようなタイミングで機能するのかを比較するために描かれた DFD である。左側の統合型モデルにおいては，そうした計算は，期中に商品を増減させる購買取引と販売取引に付随して機能している。一方，右側の準統合型モデルにおいては，そうした計算は月次処理として実施される。

図表５－７　準統合型と統合型の在庫管理と自動仕訳の相違

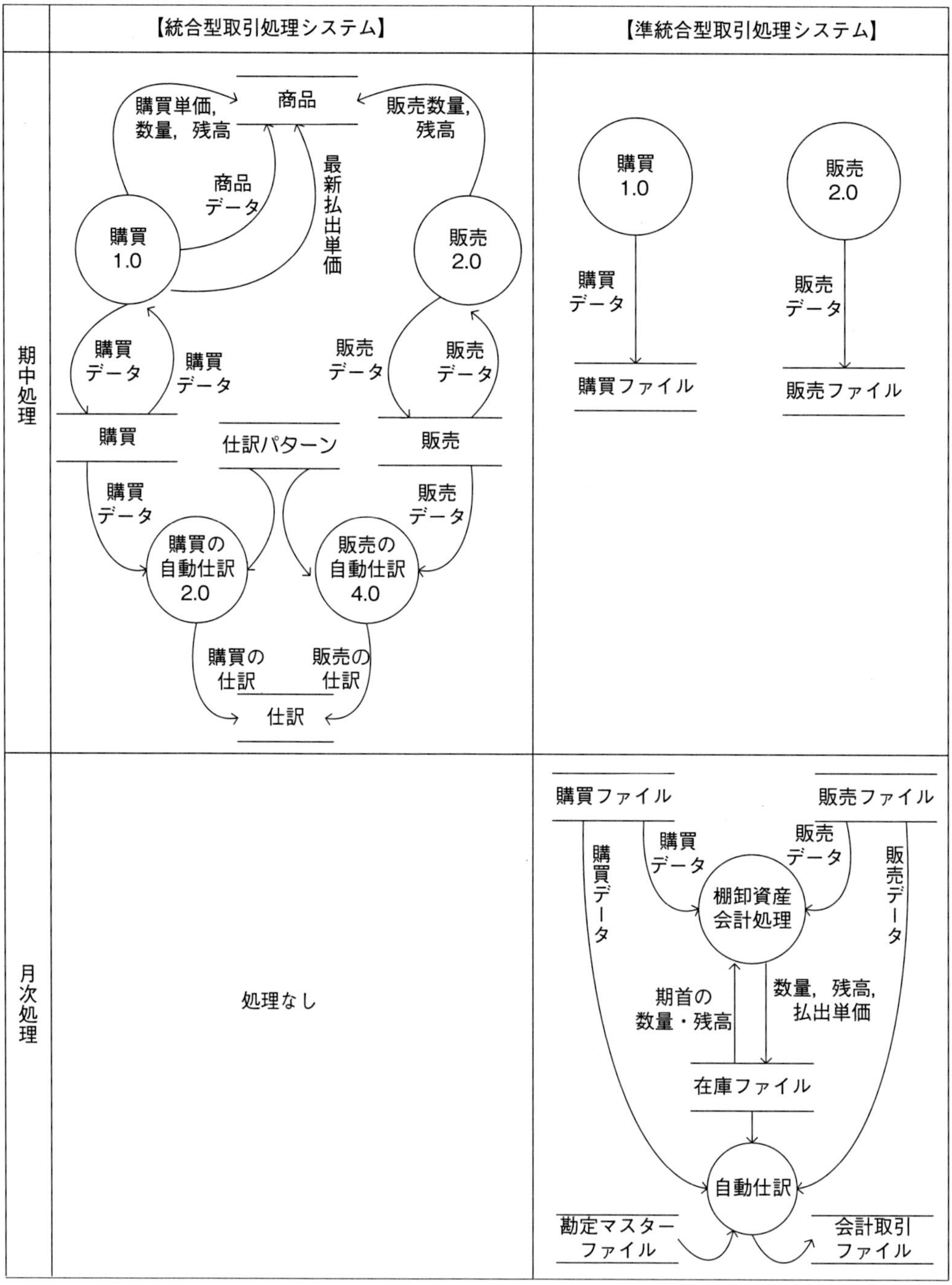

5-3　統合型取引処理システムと前提となるデータベース

1 リレーショナル・データベース

　データベースは，最も端的にいうのなら，さまざまな利用目的に役立つように管理されるデータの集まりということになる。今日最も主流のデータベースが，リレーショナル・データベースである。

　リレーショナル・データベースでは，データは「テーブル」と呼ばれるデータ・ファイルに貯蔵される。テーブルは，行と列からなる2次元の表である。各行は，特定の実体（もの，こと）に関する1件分の内容を意味するものであり「レコード」と呼ばれる。レコードは特定の実体の内容を意味する複数の項目（データ要素）から構成され，この項目は「フィールド（あるいはコラム）」と呼ばれる。これらのフィールドの中で，レコードを一意に特定することができるフィールドは，「主キー」と呼ばれる。例えば，図表5－8に描かれる「社員」という実体については，「社員 ID」，「社員名」，「住所」，「部門 ID」，「入社年」などがフィールドに相当し，主キーは「社員 ID」となる。

　通常，リレーショナル・データベースは1つ以上のテーブルから構成される。ただし，各テーブルがバラバラに存在するのではなく，主キーと外部キーとを手掛かりにテーブル間を互いに関連づけることによって，リレーショナル・データベースは1つのデータベースとして成り立つことになる。例えば，なんらかの関連がある2つのテーブルAとBとを結びつけるためには，テーブルAの「主キー」をテーブルBの1つの「フィールド」として設定することにより，可能になる。この場合，テーブルBに設定されるテーブルAの「主キー」を「参照キー」ないしは「外部キー」と呼ぶ。図表5－8では，「社員」実体と「販売」実体との間には「担当する」という関係があり，この2つの実体に関するテーブルを関連づけるために，社員テーブルの主キーを販売テーブルのフィールドとして転記して，テーブル間を関連づけることができる。同様に，「社員」実体と「部門」実体との間には所属するという関係があり，部門テーブルの主キーを社員テーブルのフィールドとして転記することにより，テーブル間が関連づけられる。

　理想的には，1つの事実は，1カ所（のテーブル）で管理する「ワン・ファクト・ワン・プレイス（One Fact One Place）」という原則に従って管理されることが望ましいとされる。この点に関して，伝統的なデータ・ファイル指向に基づく取引処理システムの場合は，各業務管理システムは，特定の目的や機能ごとに個別のデータ・ファイルを設計，運用されるので，データの重複が必然的に発生するという問題を抱えることになる。それに対して，この「ワン・ファクト・ワン・プレイス」にもとづいてデータベースが設計される場合には，相互に関連づけられた1つ以上のテーブルにデータが効率的に管理されるので，データの重複やその重複にともなうデータの調整が不必要になる。データの重複にともなう調整が必要ない場合には，新たな情報要求やその変化に対して迅速な対応が可能になることは言うまでもない。

118

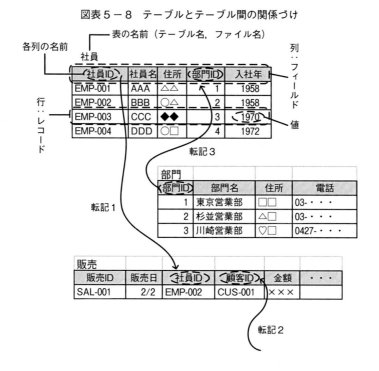

図表5-8　テーブルとテーブル間の関係づけ

2 SQL による会計情報の産出例

　伝統的な会計システムにおけるデータ活用の問題点の1つは，会計情報利用者に提供する情報が，システム構築時に想定された内容におおむね限定されてしまうという点にある。そのために，定型的な情報要求に適合した効率的な情報伝達は可能になるにしても，新たな情報要求に対しては柔軟に対応できない。伝統的な会計システムのそうした限界を克服する手段として統合型取引処理システムを，リレーショナル・データベースを用いて構築する意義は極めて高い。なぜならば，リレーショナル・データベースは，SQLと呼ばれるデータベース処理を対話形式で実行できるプログラム言語によるデータ操作を駆使することによって，必要に応じてテーブル間を関連づけたりフィールドを追加したりするなどして，関心ある項目から構成される一時的なテーブルを容易に作成できるからである。しかも，新たに作成されたテーブルと別のテーブルとを組み合わせたり，あるいは必要に応じてテーブル間の組み合わせをすこし組みかえたりするだけで，さまざまなテーブルが作成可能となる。したがって，リレーショナル・データベースを活用して取引処理システムを構築すれば，伝統的会計システムに要求される定型的な会計情報の産出はもとより，利用者みずからがSQLを駆使しての分析的な会計情報の活用が期待できる。

　図表5-9は，図中の①から④までの4つのSQLによるデータ操作によって，会計データ（仕訳データ）と，販売業務データ（顧客，部門，在庫，販売期間，数量等）とを組み合わせることにより，多様な視点からのセグメント別の会計情報（損益情報）の産出を可能にするフローである。

　①と②のSQL操作においては，2月1日から2月4日までの期間において仕訳テーブルに保存される販売の仕訳レコードが抽出される。その上で，仕訳レコードが借方と貸方とに分解され，それぞれのレコードが「Q売上原価」と「Q売上高」として抽出される。ここで「Q○○」と示

図表5－9　SQLによる会計情報の産出例

Q仕訳帳（2月1日～2月4日までの販売取引の仕訳，ただし，消費税の仕訳を除く）

取引日	借方勘定	借方補助勘定	借方金額	貸方勘定	貸方補助勘定	貸方金額	取引ID
2/1	売掛金	中央電機㈱	¥700,000	売上高	ノートPC	¥700,000	SAL-001
2/1	売掛金	中央電機㈱	¥300,000	売上高	タブレットPC	¥300,000	SAL-001
2/1	売掛金	中央電機㈱	¥400,000	売上高	レーザーPR	¥400,000	SAL-001
2/1	売上原価	川崎営業部	¥400,000	商品	ノートPC	¥400,000	SAL-001
2/1	売上原価	川崎営業部	¥190,000	商品	タブレットPC	¥190,000	SAL-001
2/1	売上原価	川崎営業部	¥250,000	商品	レーザーPR	¥250,000	SAL-001
2/4	売掛金	高千穂物産㈱	¥1,200,000	売上高	タブレットPC	¥1,200,000	SAL-002
2/4	売掛金	高千穂物産㈱	¥800,000	売上高	レーザーPR	¥800,000	SAL-002
2/4	売掛金	高千穂物産㈱	¥250,000	売上高	インクジェットPR	¥250,000	SAL-002
2/4	売上原価	本社営業部	¥760,000	商品	タブレットPC	¥760,000	SAL-002
2/4	売上原価	本社営業部	¥500,000	商品	レーザーPR	¥500,000	SAL-002
2/4	売上原価	本社営業部	¥180,000	商品	インクジェットPR	¥180,000	SAL-002

① 仕訳帳より借方側のデータを抽出

② 仕訳帳より貸方側のデータを抽出

Q売上原価

取引日	借方勘定	部門名	商品名	借方金額	取引ID
2/1	売上原価	川崎営業部	ノートPC	¥400,000	SAL-001
2/1	売上原価	川崎営業部	タブレットPC	¥190,000	SAL-001
2/1	売上原価	川崎営業部	レーザーPR	¥250,000	SAL-001
2/4	売上原価	本社営業部	タブレットPC	¥760,000	SAL-002
2/4	売上原価	本社営業部	レーザーPR	¥500,000	SAL-002
2/4	売上原価	本社営業部	インクジェットPR	¥180,000	SAL-002

Q売上高

取引日	得意先	貸方勘定	商品名	貸方金額	取引ID
2/1	中央電機㈱	売上高	ノートPC	¥700,000	SAL-001
2/1	中央電機㈱	売上高	タブレットPC	¥300,000	SAL-001
2/1	中央電機㈱	売上高	レーザーPR	¥400,000	SAL-001
2/4	高千穂物産㈱	売上高	タブレットPC	¥1,200,000	SAL-002
2/4	高千穂物産㈱	売上高	レーザーPR	¥800,000	SAL-002
2/4	高千穂物産㈱	売上高	インクジェットPR	¥250,000	SAL-002

③ ①と②のデータより「Q中間データ」を作成

Q中間データ

取引日	商品名	貸方金額	借方金額	得意先	部門名	取引ID
2/1	ノートPC	¥700,000	¥400,000	中央電機㈱	川崎営業部	SAL-001
2/1	タブレットPC	¥300,000	¥190,000	中央電機㈱	川崎営業部	SAL-001
2/1	レーザーPR	¥400,000	¥250,000	中央電機㈱	川崎営業部	SAL-001
2/4	タブレットPC	¥1,200,000	¥760,000	高千穂物産㈱	本社営業部	SAL-002
2/4	レーザーPR	¥800,000	¥500,000	高千穂物産㈱	本社営業部	SAL-002
2/4	インクジェットPR	¥250,000	¥180,000	高千穂物産㈱	本社営業部	SAL-002

販売明細

取引ID	商品名	販売数量	販売価格	払出単価
SAL-001	ノートPC	5	¥140,000	¥80,000
SAL-001	タブレットPC	5	¥60,000	¥38,000
SAL-001	レーザーPR	5	¥80,000	¥50,000
SAL-002	タブレットPC	20	¥60,000	¥38,000
SAL-002	レーザーPR	10	¥80,000	¥50,000
SAL-002	インクジェットPR	10	¥25,000	¥18,000

④ 「Q中間データ」と「販売明細」より「Q分析用P/Lデータ」を作成

Q分析用P/Lデータ

取引日	商品名	販売数量	売上高	売上原価	売上総利益	得意先	部門名	取引ID
2/1	ノートPC	5	¥700,000	¥400,000	¥300,000	中央電機㈱	川崎営業部	SAL-001
2/1	タブレットPC	5	¥300,000	¥190,000	¥110,000	中央電機㈱	川崎営業部	SAL-001
2/1	レーザーPR	5	¥400,000	¥250,000	¥150,000	中央電機㈱	川崎営業部	SAL-001
2/4	タブレットPC	20	¥1,200,000	¥760,000	¥440,000	高千穂物産㈱	本社営業部	SAL-002
2/4	レーザーPR	10	¥800,000	¥500,000	¥300,000	高千穂物産㈱	本社営業部	SAL-002
2/4	インクジェットPR	10	¥250,000	¥180,000	¥70,000	高千穂物産㈱	本社営業部	SAL-002

されるテーブルは，そのテーブルがSQLによる問い合わせ結果であることを意味する。ただし，このSQLの操作において，「借方補助」というフィールド名を「得意先名」に，また「貸方補助」というフィールド名を「商品名」に変換している。

　③においては，「取引ID」と「商品名」という2つの共通フィールドを手掛かりに「Q売上原価」と「Q売上高」テーブルとを横方向に組み合わせて，売上原価仕訳と売上高仕訳とを1つのレコードとして結合する。その上で，必要となるフィールドを取り出し「Q中間データ」として取り出している。

　④は，「取引ID」と「商品名」という2つの共通フィールドを手掛かりに「Q中間データ」と「販売明細」とを結びつけたうえで，必要となるフィールドを「Q分析用P/Lデータ」として取

り出している。なお，このSQL操作においては，「売上高」フィールドと「売上原価」フィールドとを差し引く計算式を設定することにより「売上利益」フィールドの値を計算している。

なお，以下の実習モデルの図表5－17「分析用P/Lフォーム」は，このSQL操作により取り出した取引データを，対話型操作によって，より効率的な分析を行うためのフォームである。

5-4　会計データモデル

■1 データモデルの3階層構造

統合型取引処理システムをデータベースを用いて構築するためには，構築対象となる交換取引（や変換取引）を特定する必要がある。そして，統合型取引処理システムが，財務諸表の産出プロセスのみならず，組織の多様な意思決定プロセスに取引データを提供する支援システムでもあると認識する場合，構築対象となる購買や販売などの取引データは，組織の会計および非会計にかかわる多様な意思決定目的に役立つデータ構造として設計する必要がある。データベース設計において，特定の領域（本体）をデータベースにいかに写像するかという問題は，データモデル（本体の構造）の問題と呼ばれる。

データモデルは，概念レベル，外部レベル，および内部レベルの3階層構造になっており，これを図示したものが図表5－10である。これらの3階層構造の中で，データベース構築の設計の基本モデルとしての役割を担うのは概念データモデルである。なぜなら，適切な概念データモデルは，論理的なテーブル設計，効率的なデータの保存（内部データモデルの局面）および，売掛金情報，買掛金情報，在庫情報の産出をはじめ多様な情報要求を実現するデータ活用（外部デー

図表5－10　データモデルの3階層構造

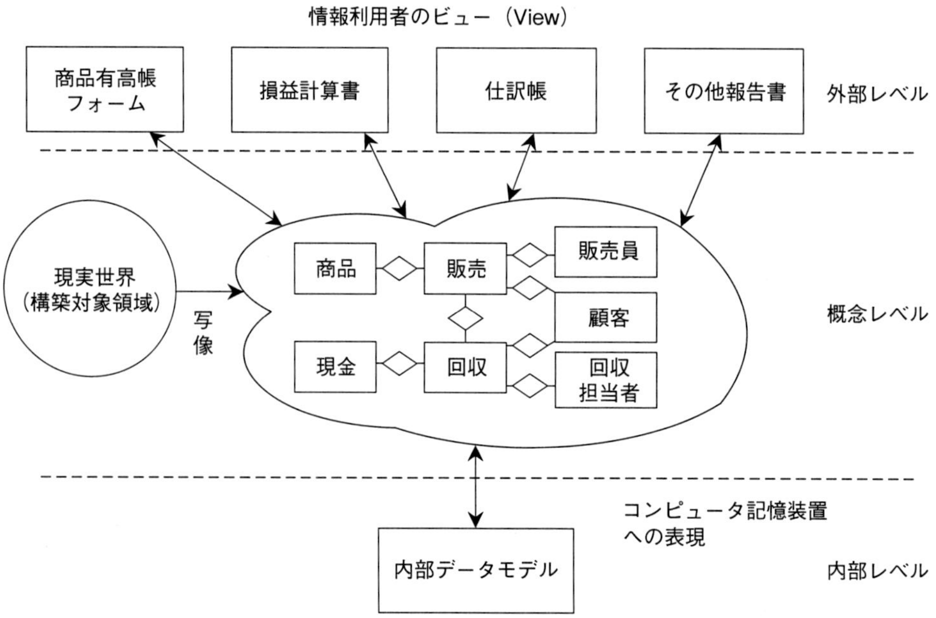

出所：根本光明監修，前掲書 p.215（一部変更）。

タモデルの局面）の基礎となるからである。概念データモデルは，企業が関心を持つ実世界を実体（entity）とその関係（relation）に着目して，データ構造を概念的にモデル化したものであり，使用するデータベース環境，コンピュータの制約，および情報利用者の情報要求から独立する。このような概念レベルにおいて，会計固有の概念を反映させつつ，個別業務活動を横断するデータ共有を可能にするモデル化を試みたものに，マッカーシー（McCarthy, W. E.）による REA 会計モデルがある。

② REA 会計データモデル

　REA 会計モデルは，企業の管理下にある経済資源（商品，現金など），各経済資源を増減させる経済事象（購買，販売など），これらの経済事象に関与する外部エージェント（顧客，供給業者など）と内部エージェント（担当者，部門など）および，これらの関係（以下で説明）にもとづいて，企業の会計データを生み出す経済取引や事象を概念レベルでモデル化するものである。REA という用語は，「経済資源（Resources）」，「経済事象（Events）」，「経済エージェント（Agents）」の頭文字を組み合わせたものである。

図表 5 − 11　小売業の REA 会計データモデル

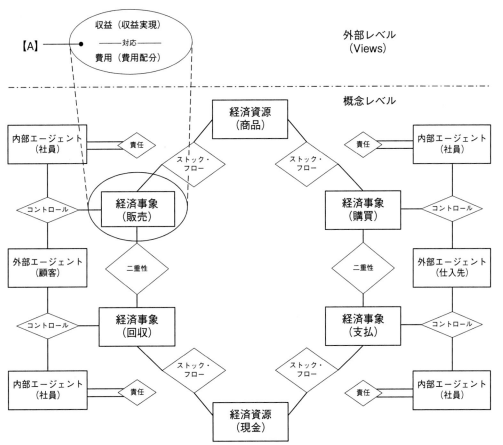

出所：根本光明監修，前掲書 p.216。

　図表5－11は，購買サイクルと販売サイクルをREA会計モデルとして表現している。実体
―関連ダイアグラム（Entity-Relationship Diagram；ERD）で表現する場合，経済資源，経済事象お
よびエージェントといった実体は長方形で，また実体間の関係はひし形で描かれる。ここで，「二
重性」関係は，2つの経済事象を，その因果関係により一対のものとして結びつける関係である。
例えば，回収という経済事象は独立して存在する事象としてとらえるのではなく，販売という経
済事象の結果として存在するとしてとらえるのは，この二重性関係の一例である。「ストック・
フロー」関係は，経済資源とこの経済資源を増減させる経済事象との間の関係である。例えば，
購買による商品の増加，購買価格の支払による現金の減少，販売による商品の減少，および販売
価格の回収による現金の増加は，ストック・フロー関係の一例である。「コントロール」関係は，
経済資源の増減に対して，誰が経済事象を執行する権限があるのかを明確にさせるとともに，外
部エージェントに対する執行責任を明確にさせる関係を表現する。「責任」関係は，企業におけ
る上位者と下位者との間の権限委譲と責任の関係を表現する。

　REA会計データモデルは，概念レベルのモデル化においては借方，貸方，勘定という概念を
用いない。しかしながら，3つの実体（経済資源，経済事象，経済エージェント）と，それらの間の
4つの関係（二重性，ストック・フロー，コントロール，責任）からのモデル化を通して，企業の一
連の業務活動を遂行するうえで，組織内外の活動には，どのようなプロセスや経済事象があり，
かつ個別経済事象間にはどのようなつながりがあるのか，さらには個別経済事象から生み出され
る価値連鎖の仕組みを明らかにする。

　例えば，二重性関係により，2つの経済事象を一対のものとして概念レベルで結びつけておく
ことにより，外部レベルにおいては，販売という経済事象からは販売金額を，また売掛金の回収
という経済事象からは回収金額を，当然にして把握できるとともに，これらのデータにもとづい
て販売と回収という2つの経済事象の差額として売掛金を明らかにできる。また，ストック・フ
ロー関係により，経済資源である商品の増減を介して結びつく購買および販売の2つの経済事象
を概念レベルで結びつけておくことにより，外部レベルにおいては，販売時点において商品残高
はいくつであるのか，あるいは収益と費用を対応させることにより，どれほどの価値（売上高－
売上原価）が発生するかを明らかにできる（図表5－11【A】を参照）。

　このような概念レベルにおけるデータモデル化がなされていればこそ，外部レベルにおいて勘
定別の残高の出力を主目的とする総勘定元帳システムの設計，運用に結びつけていくことが可能
になる。会計のみならず非会計の情報要求への対応も同時に考慮するREA会計データモデルに
おいては，概念レベルにおいて勘定機構を用いる直接的な業務活動のモデル化はなされない。し
かしながら，業務活動を資産，負債，資本，収益および費用に関連づけて，最終的に貸借対照表
および損益計算書を作成させる仕組みが勘定機構の本質であるとするならば，個別経済事象を有
機的に結びつけるREA会計モデルには勘定機構の仕組みが実質的に内在している。

5-5　統合型取引処理システムの運用

1 共通取引モデルの取扱

（1）対象とする業務

　統合型取引処理システムは，データベースソフト（Access）を利用したシステムを用いて運用する。図表5 - 12は，統合型取引処理システムによって運用される取引モデルの業務をDFDとして示したものである。統合型取引処理システムの運用にあたっては，図表5 - 12の「円」の記号で示される「処理」を意味する「購買 (1.0)」から「販売の自動仕訳 (4.0)」までの4つが対象になる。なお，図中では，商品の残高や払出単価の更新処理を担う在庫管理システムは，商品残高の増減をともなう業務に付随して機能するので，そのシステムとしての範囲は，網掛けされた購買および販売のプロセスの一部から構成される。

（2）諸前提

　統合型取引処理システムを運用するにあたっては，次の点を前提とする。
① 　導入処理については，導入前月末日（1月31日）の残高が業務取引ファイルおよび仕訳ファイルにすでに登録されている。
② 　システムの運用は，2月20日の「購買」，2月28日の「販売」取引の2つの取引に限定して運用する。それ以外の業務取引や会計取引については，業務取引ファイルおよび仕訳ファイルにすでに登録されている。
③ 　部門別損益計算書を作成することを考慮して，損益の取引データには部門データが付帯される。
④ 　商品売買取引は，「売上原価対立法」を採用する。ただし，1つの取引において複数の商品を購買および販売する場合，商品別に仕訳を行う。
⑤ 　継続記録法による在庫管理を行う。
⑥ 　払出単価の計算は移動平均法による。
⑦ 　月次決算は行わないものとする。

2 Access によるシステムの概要

　データベース・ソフト（Access）によって構築された本モデルは，上記の統合型取引処理システムの特徴の理解を目的に限定して構築したものである。そのために，現実的なネットワーク対応は図られてはいない。ただし，ネットワーク環境を想定して，地理的に異なる拠点や機能・組織ごとの取引の入力を意識できるような配慮がなされている。すなわち，営業部ごとに専用の入力フォームを準備している。図表5 - 13が統合型取引処理システムの操作メニューの構造である。なお，本モデルにおいては，一度入力を確定した取引データを修正する機能が準備されていないので，取引データの入力・確定についてはより慎重に運用してもらいたい。

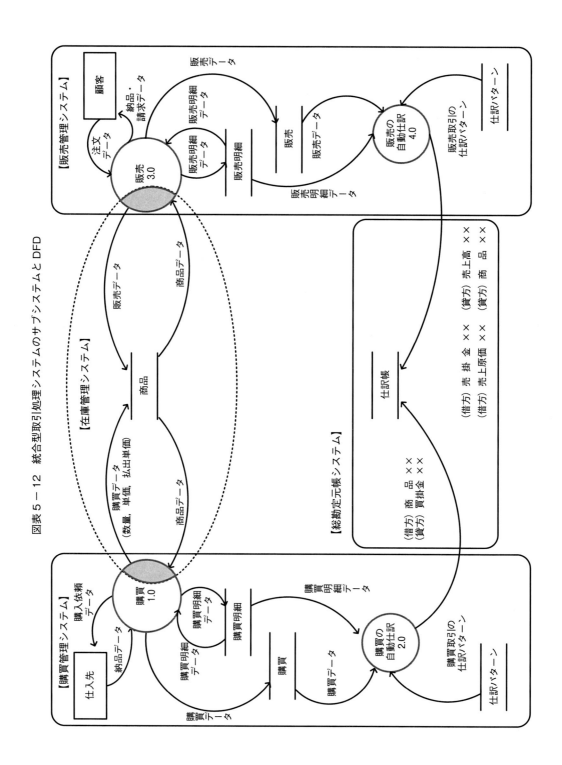

図表 5 − 12 統合型取引処理システムのサブシステムと DFD

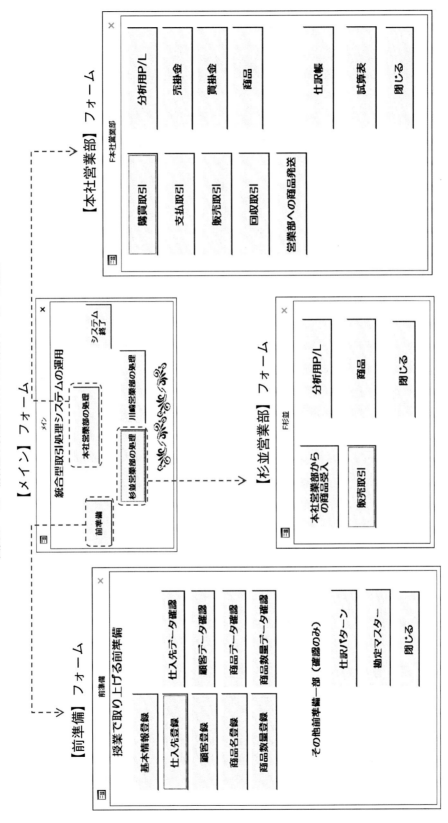

図表 5 − 13　統合型取引処理システムの操作メニューの構造

3 システムの運用

（1）導入処理

実習 5―1 売上原価対立法で用いる勘定と残高の確認

【実習の目的】

　売上原価対立法により，2月の商品売買取引のデータを入力するためには，取引モデルに示される1月31日の勘定マスターの残高を，五勘定法から売上原価対立法による残高に調整する必要がある。ただし，この調整はすでになされている。したがって，ここでは，売上原価対立法を前提とする場合における本社営業部の「売上原価」勘定と「商品」勘定とを「仕訳帳」フォームにおいて確認することにとどめる。なお，売上原価対立法の利用を前提とする場合には，期首商品棚卸高（610）勘定，仕入高（615）勘定，期末商品棚卸高（620）勘定は利用されない。その代わりに，売上原価（645）勘定と商品（170）勘定が用いられることになる。

【実習データの準備】

□ 「5統合型取引処理システム .accdb」という名前の Access ファイルを個人のドライブにダウンロードして，このファイルを開く。「メイン」メニューが表示される。

□ セキュリティの警告（データベースの一部の内容が無効にされました）が表示される場合には，「オプション」→「このコンテンツを有効にする」のチェックを入れる →「OK」ボタンをクリックしてファイルを有効にする。

実習5―1―(1) 本社営業部における売上原価勘定と商品勘定の確認

　1月31日における本社営業部の売上原価勘定の残高は，期首商品棚卸高￥5,548,390に1月31日の仕入高￥28,402,610を加えた金額から同日の商品棚卸高￥7,015,200を控除した￥26,935,800である。また，商品勘定は1月末商品棚卸高￥7,015,200となる。ここでは，「仕訳帳」フォームを通して，1月31日の該当する勘定の開始残高を確認する。

① 「メイン」メニューの「本社営業部の処理」をクリック →「F本社営業部」フォームが表示。

② 「仕訳帳」ボタンをクリック →「仕訳帳」フォームが表示。

③ 「仕訳帳」フォームの8件目の商品勘定￥7,015,200を確認。

④ 「仕訳帳」フォームの27件目の売上原価勘定￥26,935,800を確認。

⑤ 確認後，「仕訳帳」フォームの右上の閉じるボタンをクリック →「F本社営業部」フォームが表示。

図表5―14　導入時における五勘定法から売上原価対立法への変更にともなうG/Lマスターの修正

＜＜2021年1月31日＞＞		五勘定法（月次決算あり）	売上原価対立法		
コード	勘定科目名		本社営業部	杉並営業部	川崎営業部
170	商　　　品	￥12,384,800	￥7,015,200	￥3,365,800	￥2,003,800
610	期首商品棚卸高	￥9,907,840	―	―	―
615	仕　入　高	￥59,172,100	―	―	―
620	期末商品棚卸高	￥12,384,800	―	―	―
645	売　上　原　価	―	￥26,935,800	￥18,244,390	￥11,514,950

　図表 5 - 14 は，売上原価対立法の適用にともなう G/L マスターの修正箇所を示したものである。本社営業部における修正と同様に，杉並営業部の売上原価については，期首商品棚卸高¥2,675,120 に 1 月 31 日の仕入高¥18,935,070 を加えた金額から同日の商品棚卸高¥3,365,800 を控除した¥18,244,390 となる。また，商品勘定は 1 月末商品棚卸高¥3,365,800 となる。川崎営業部についても同様に，売上原価勘定は¥11,514,950（期首商品棚卸高¥1,684,330 ＋ 仕入高¥11,834,420 － 期末商品棚卸高¥2,003,800）であり，商品勘定は¥2,003,800 となる。

（2）購買処理

実習 **5－2**　2 月 20 日の購買取引の入力

【実習の目的】

　ここでは，2 月 20 日の購買取引の入力を行うことにより，統合型モデルの特徴である以下の 2 点を確認する。第 1 に，「商品」フォームにおいて，該当する商品の払出単価が移動平均法によって，適時に更新されるのかを確認する。第 2 に，「仕訳帳」フォームと「試算表」フォームにおいて，該当する購買取引に関する自動仕訳が作成および登録されることにより，ほぼリアルタイムに商品の勘定残高が更新されるのかを確認する。

実習 5−2−(1)　商品有高帳フォーム（入力前）の確認

① 「F 本社営業部」フォームの「商品」ボタンをクリック → 「商品」フォームが表示。

② 「商品」フォームに表示される本社営業部の以下の商品の（最新）払出単価の金額を確認。

　☑ 「タブレット PC」の払出単価　　⇒　@¥38,000

③ 確認後，「商品」フォームの「閉じる」ボタンをクリック → 「F 本社営業部」フォームが表示。

実習 5−2−(2)　2 月 20 日の購買取引データの入力（本社営業部の処理）

① 「F 本社営業部」フォームの「購買取引」ボタンをクリック → 「購買」フォームが表示。

② 図表 5 - 15 を参考にして，「購買」フォームに取引データを入力。

③ 入力後，「購買確定」ボタンをクリック。

④ 「購買」フォームの「終了」ボタンをクリック → 「F 本社営業部」フォームが表示。

実習 5−2−(3)　商品有高帳フォーム（入力後）の確認

① 「F 本社営業部」フォームの「商品」ボタンをクリック → 「商品」フォームが表示。

② 「商品」フォームに表示される本社営業部の以下の商品の払出単価の金額を確認。

　☑ 「タブレット PC」の払出単価　　⇒　@¥36,000

③ 確認後，「商品」フォームの「閉じる」ボタンをクリック → 「F 本社営業部」フォームが表示。

図表 5 – 15　購買フォームと関連するテーブル

購買

購買ID	仕入先ID	社員ID	仕入日	購買金額合計	消費税	取引種別ID
PUR-004	SUP-001	EMP-010	2/20	¥700,000	¥70,000	TORI-001

購買明細

購買ID	商品ID	仕入数量	仕入単価
PUR-004	PRO-003	20	¥35,000

商品明細（一部）

商品ID	部門ID	残高数量	残高金額	最新仕入単価	最新払出単価	最新販売価格	最新仕入日
PRO-003	本社営業部	30	¥1,080,000	¥35,000	¥36,000	¥60,000	2/20

仕訳帳

取引日	借方C	借方勘定	借方補助勘定C	借方補助勘定	借方金額
2/20	170	商品	PRO-003	タブレットPC	¥700,000

貸方C	貸方勘定	貸方補助勘定C	貸方補助勘定	貸方金額	取引ID
315	買掛金	SUP-001	㈱アオヤマ製作所	¥700,000	PUR-004

実習5−2−(4)　仕訳帳の確認

① 「F本社営業部」フォームの「仕訳帳」ボタンをクリック → 「仕訳帳」フォームが表示 → 2月20日の購買取引の仕訳を確認。

② 作成・登録された自動仕訳を確認後，「仕訳帳」フォームの「終了」ボタンをクリック → 「F本社営業部」フォームが表示。

実習5−2−(5)　試算表の確認

① 「F本社営業部」フォーム → 「試算表」ボタンをクリック → 「試算表」フォームが表示。

② 商品の残高を確認後，「試算表」フォームの「閉じる」ボタンをクリック → 「F本社営業部」フォームが表示。

③ 「F本社営業部」フォームの「閉じる」ボタンをクリック → 「メイン」フォームが表示。

（3）販売処理

実習 5―3　2月28日の販売取引データの入力

【実習の目的】

　ここでは，2月28日の販売取引の入力を行うことにより，統合型モデルの特徴である以下の2点を確認する。第1に，「商品」フォームにおいて，販売取引のインプットにより該当する商品の残高が更新されることを確認する。第2に，「仕訳帳」，「試算表」，および「分析用P/L」フォームにおいて，該当する販売取引に関する自動仕訳が作成および登録されることにより，ほぼリアルタイムに売上高，売上原価，および商品の勘定残高が確定更新されることを確認する。

実習5-3-(1) 商品有高帳フォーム（販売取引の入力前）の確認

① 「メイン」メニューの「川崎営業部の処理」をクリック → 「F 川崎」フォームが表示。

② 「F 川崎」フォーム → 「商品」ボタンをクリック → 「商品」フォームが表示。

③ 「商品」フォームに表示される川崎営業部の以下の商品の数値を確認。

　　☑ 「デスクトップPC」の数量　　　⇒　9台

　　☑ 「インクジェットPR」の数量　　⇒　7台

　　☑ 「ハードディスク」の数量　　　⇒　11台

④ 確認後，「商品」フォームの「閉じる」ボタンをクリック → 「F 川崎」フォームが表示。

実習5-3-(2) 2月28日の販売取引データの入力（川崎営業部の処理）

① 「F 川崎」フォームの「販売取引」ボタンをクリック → 「販売」フォームが表示。

② 図表5 - 16を参考にして，「販売」フォームに取引データを入力。

③ 入力後，「販売確定」ボタンをクリック。

④ 「販売」フォームの「終了」ボタンをクリック → 「F 川崎」フォームが表示。

実習5-3-(3) 商品有高帳フォーム（入力後）の確認

① 「F 川崎」フォーム → 「商品」ボタンをクリック → 「商品」フォームが表示。

② 「商品」フォームに表示される川崎営業部の以下の商品の数値を確認。

　　☑ 「デスクトップPC」の数量　　　⇒　4台

　　☑ 「インクジェットPR」の数量　　⇒　2台

　　☑ 「ハードディスク」の数量　　　⇒　6台

③ 確認後，「商品」フォームの「閉じる」ボタンをクリック → 「F 川崎」フォームが表示。

実習5-3-(4) 仕訳帳の確認

① 「F 川崎」フォームの「閉じる」ボタンをクリック → 「メイン」フォームが表示。

② 「メイン」フォームの「本社営業部の処理」ボタンをクリック → 「F 本社営業部」フォームが表示。

図表 5 − 16　販売フォームと関連するテーブル

販売ID

販売ID	顧客ID	社員ID	販売日	消費税	現金回収ID	取引種別ID	販売金額合計
SAL-004	CUS-001	EMP-030	2/28	¥112,500		TORI-004	¥1,125,000

販売明細

商品ID	販売数量	販売価格	払出単価
PRO-002	5	¥180,000	¥141,667
PRO-005	5	¥25,000	¥16,701
PRO-006	5	¥20,000	¥10,364

商品明細（一部）

商品ID	部門ID	残高数量	残高金額	最新仕入単価	最新払出単価	最新販売価格	最新販売日
PRO-002	SEC-030	4	¥566,667	¥135,000	¥141,667	¥180,000	2/28
PRO-005	SEC-030	2	¥33,403	¥16,182	¥16,701	¥25,000	2/28
PRO-006	SEC-030	6	¥62,182	¥10,800	¥10,364	¥20,000	2/28

仕訳帳(一部)

取引日	借方C	借方勘定	借方補助勘定C	借方補助勘定	借方金額
2/28	155	売掛金	CUS-001	中央電機㈱	¥900,000
2/28	645	売上原価	SEC-030	川崎営業部	¥708,333
2/28	155	売掛金	CUS-001	中央電機㈱	¥125,000
2/28	645	売上原価	SEC-030	川崎営業部	¥83,506
2/28	155	売掛金	CUS-001	中央電機㈱	¥10,000
2/28	645	売上原価	SEC-030	川崎営業部	¥51,818

貸方C	貸方勘定	貸方補助勘定C	貸方補助勘定	貸方金額	取引ID
510	売上高	PRO-002	デスクトップパソコン	¥900,000	SAL-004
170	商品	PRO-002	デスクトップパソコン	¥708,333	SAL-004
510	売上高	PRO-005	インクジェットプリンター	¥125,000	SAL-004
170	商品	PRO-005	インクジェットプリンター	¥83,506	SAL-004
510	売上高	PRO-006	外付けハードディスク	¥100,000	SAL-004
170	商品	PRO-006	外付けハードディスク	¥51,818	SAL-004

③　「F 本社営業部」フォームの「仕訳帳」ボタンをクリック → 「仕訳帳」フォームが表示 → 確認。

④　確認後，「仕訳」フォームの「終了」ボタンをクリック → 「F 本社営業部」フォームが表示。

実習 5−3−(5) 試算表の確認

① 「F 本社営業部」フォームの「試算表」ボタンをクリック → 「試算表」レポートが表示。

② 試算表の残高を確認後,「試算表」レポートの「終了」ボタンをクリック → 「F 本社営業部」フォームが表示。

③ 「F 本社営業部」フォームの「閉じる」ボタンをクリック → 「メイン」フォームが表示。

実習 5−3−(6) 「分析用 P/L」フォームによる川崎営業部の損益データの確認

① 「F 本社営業部」フォームの「分析用 P/L」ボタンをクリック → 「分析用 P/L」フォームが表示。

② 図表 5 − 17 の「分析用 P/L」フォームを参考にして,部門を「川崎営業部」に設定したうえで,画面上の「抽出」ボタンをクリック → 川崎営業部の販売明細が表示。

③ 確認後,「分析用 P/L」フォームの「閉じる」ボタンをクリック → 「F 本社営業部」フォームが表示。

④ 「F 本社営業部」フォームの「閉じる」ボタンをクリック → 「メイン」フォームが表示。

⑤ 「システム終了」ボタンをクリックして実習を終了。

図表 5 − 17　川崎営業部の分析用 P/L フォーム

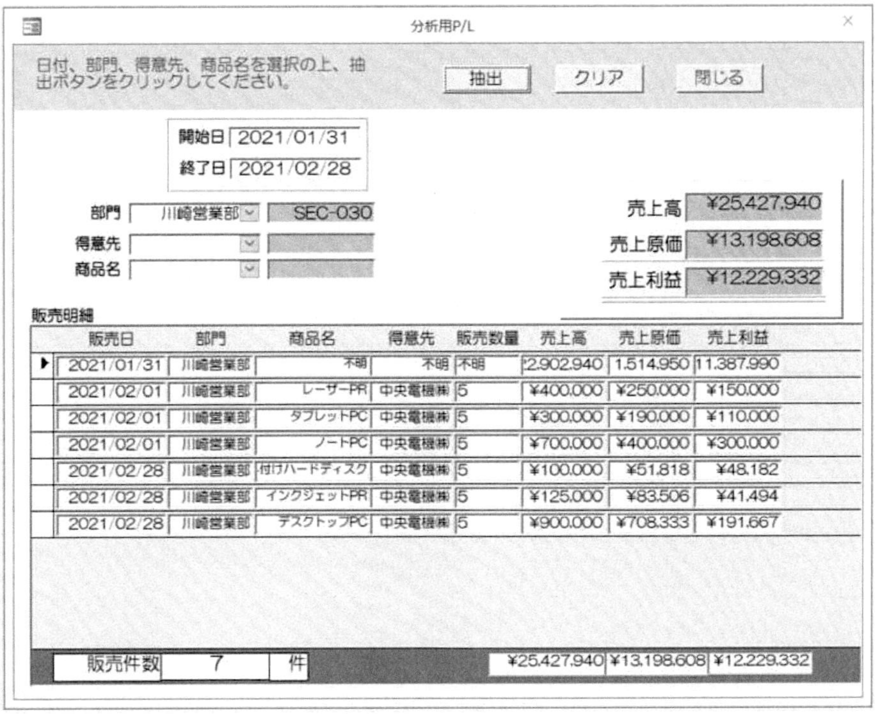

設問5-1 統合型取引処理システムの業務管理システムのデータフローの特徴について説明しなさい。

設問5-2 統合型取引処理システムにおいては，なぜ売上原価対立法による商品売買取引の仕訳を適用できるのかを説明しなさい。

設問5-3 REA会計モデルによるデータベース設計に従う場合，なぜ会計目的のみならず非会計目的の情報産出が容易になるのか説明しなさい。

設問5-4 準統合型取引処理システムと統合型取引処理システムの在庫管理システムの共通点と相違点を説明しなさい。

設問5-5 実習5-3における実習を参考にしつつ，「分析用P/L」フォームを利用して2月1日から2月28日までの期間における下記のセグメント別の会計情報（売上総利益まで）を完成させなさい。

　① 杉並営業部の損益情報

　　Ⅰ　売上高　　　　　　（　　　　　　　　　　）

　　Ⅱ　売上原価　　　　　（　　　　　　　　　　）

　　Ⅲ　売上総利益　　　　（　　　　　　　　　　）

　② 中央電機(株) に関する損益情報

　　Ⅰ　売上高　　　　　　（　　　　　　　　　　）

　　Ⅱ　売上原価　　　　　（　　　　　　　　　　）

　　Ⅲ　売上総利益　　　　（　　　　　　　　　　）

　③ 川崎営業部のタブレットPCの損益情報

　　Ⅰ　売上高　　　　　　（　　　　　　　　　　）

　　Ⅱ　売上原価　　　　　（　　　　　　　　　　）

　　Ⅲ　売上総利益　　　　（　　　　　　　　　　）

第6章

会計パッケージ・ソフトの活用

6-1　ビジネス・ソフトと会計パッケージ・ソフト

1 ビジネス・ソフトの発展

　パーソナル・コンピュータやスマートフォンの利用，それらを通じてのインターネットやメールの活用は，私たちが情報通信技術と直接的に関係するケースであり，その他，キャッシュ・カード，IC カード，家電製品，自家用車などでは，各々に組み込まれた情報通信技術を間接的に利用している。このように，現在，私たちの生活は直接的，間接的に情報通信技術に支えられて成り立っており，それらの恩恵を受けずに生活することは困難といっても過言ではない。このことはビジネスの世界においても同様であり，パーソナル・コンピュータ（以下，パソコン），タブレット等の情報端末，メールなどの多様な情報システムの利用，ホームページの活用，インターネット通信販売，カードによる決済など，あらゆる事業，業務において情報通信技術が浸透している。

　ビジネスの世界で，最初にコンピュータを適用した領域の1つが会計であったといわれるように，コンピュータ上で運用される多くのビジネス・ソフトの中でも会計ソフトは初期の段階で市場に登場した。もともと，ビジネス・ソフトは大企業向けに大型コンピュータあるいはオフィス・コンピュータ上で運用されることを前提として，それぞれ会社別に開発されたものであり，その時点において，コンピュータが導入されていなかった中小企業や個人企業は，その対象外とされていた。しかし，その後の中小企業や個人企業へのパソコンの普及により，潜在的市場が拡大することとなり，それまでに蓄積されたソフトのノウハウを汎用ソフトとして商品化し，会計パッケージ・ソフト（以下，会計ソフト）が生み出されたのである。これまでの章で学んだ通り，複式簿記機構は取引処理システムおよびG/L システムとして，コンピュータ化に適したものであった。勘定科目を変更可能とすることによって容易に汎用性を与えることができたため，多くのソフト会社が市場に参入することとなった。基本的に業種に関係なく適用可能であること，そして会計はいかなる規模の企業においても必要な業務であり，パソコンの普及はそのまま会計ソフトの潜在的市場の拡大，普及という結果となった。

　会計ソフト以外のビジネス・ソフトも同様のプロセスを経て社会に浸透し，コンピュータの高性能化，小型化，低価格化によるパソコンの普及に支えられ，一般の家電量販店においても，広くビジネス・ソフトのコーナーが設けられている。会計ソフト以外のビジネス・ソフトとしては，次のようなものがある。

　◆購買・在庫管理　　◆販売管理　　　◆給与計算
　◆人事管理　　　　　◆就業管理　　　◆固定資産管理
　◆税務申告　　　　　◆顧客管理　　　◆店舗経営管理

　これらのビジネス・ソフトのうち，特に購買・在庫管理，販売管理，給与計算については，同一のソフト会社から会計ソフトとともにシリーズとして販売されているのが一般的である。これらのソフトも会計ソフトと同様，個別に開発された企業全体を対象としたシステムの一部を構成

していたサブ・システムを出発点としている。そのサブ・システムと他の機能との関係を切り離し，汎用性を持たせることによってパッケージ・ソフトとして商品化したのである。

　本書にて，実践的な課題として学んだ通り，基幹業務である購買・販売業務において，仕入数量と販売数量との差として在庫が把握されることを考えれば，本来，購買・在庫管理と販売管理の両機能を切り離すことには問題がある。しかし，普及期におけるパソコンの性能による制約のために，このような機能分化による商品化が実施されたのである。現在では，多くの会社が提供している業務管理パッケージ・ソフト（以下，業務管理ソフト）としての購買・在庫管理ソフトと販売管理ソフトとは連動して運用可能となっており，両ソフトをセットにしたパッケージ商品を提供しているソフト会社もある。これはデータベース技術が発展したことと，処理速度の高速化やハードディスク容量の増大などパソコンの性能が向上したことによって可能になった。その結果として，それらの業務データが自動仕訳により会計ソフトと連動することとなり，「準統合型取引処理システム」としての運用も可能となっている。パソコン上で運用することを目的として，個別の機能を切り離した形で商品化されたパッケージ・ソフトが，情報通信技術の進展により，パソコン上で再び統合されるようになったのである。

　会計ソフトを提供している会社では，そのほとんどが給与計算に関するパッケージ・ソフトも提供している。給与計算ソフトは，人事管理，就業管理あるいは勤怠管理ソフトとデータ連携が可能となっており，業務管理ソフトと同じく，自動仕訳によって会計ソフトに対してデータを提供することが可能となっている。固定資産管理ソフトは，企業の固定資産の現物管理と資産価値管理を目的としたものであり，上記のソフト同様，減価償却計算結果が会計ソフトへと自動仕訳される機能を有している。会計ソフトの中には，簡易な固定資産管理機能が標準で組み込まれているものもある。この他，販売促進，マーケティング機能支援に特化したものが顧客管理ソフトである。また，店舗経営管理ソフトとは，小売業等が複数の店舗を展開している場合に，営業日誌のように数値や金額を入力することによって，店舗別の業績把握や売上集計・分析が可能となるものであり，会計ソフトへの自動仕訳機能をも備えたソフトである。

　このように，現在パッケージとして販売されているビジネス・ソフトは，会計を中心に多くの業務に対応しており，それらを連動させて利用することによって，企業全体を対象とした総合的な情報システム構築の可能性を提供している。

図表6－1　業務ソフトの商品化

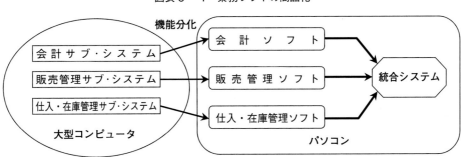

2 会計パッケージ・ソフトの類型

　実際の会計ソフトには，テレビCMやネット広告などでも目にする代表的なものとして「PCA会計」，「弥生会計」，「勘定奉行」，「会計王」，「大蔵大臣」などがある。また，これらの会計ソフトは，多くの場合，購買・在庫管理ソフト，販売管理ソフト，そしてその他の業務ソフトも含めたシリーズ商品として販売されている。

　現在，市販されている会計ソフトは，大きく3つに分類できる。

　①　個人小規模企業向けソフト

　②　中小企業向けソフト

　③　中堅企業向けソフト

　会計ソフトは，どの会社のものであっても，財務諸表作成や会計帳簿作成の基本機能は同様であるが，多くのソフト会社が，対象企業の相違，財務諸表分析機能や予算管理機能といった，管理会計機能や税務申告書作成機能の有無などによって，レベルの異なる差別化した製品を提供している。上記3つのタイプすべての製品を提供している会社，①と②のタイプの製品を提供している会社，そして，3つのタイプのうち特定のタイプのみの製品を提供している会社など，会計ソフト会社の製品構成も多様なパターンとなっている。

　①　個人小規模企業向けソフト

　このタイプは，文字通り，個人企業や小規模会社を対象とした最もシンプルな会計ソフトであり，製品によって個人企業だけを対象としたソフトの場合もある。その場合には，個人の税務申告書に対応して，青色決算書の形式によるアウトプットが出力可能となっている。このレベルの会計ソフトであっても，簡単な財務諸表分析や固定資産管理といった機能を備えているのが一般的である。基本的には1台のパソコンにインストールされ，会計ソフト単体での運用となる。そして，この運用形態では，会計ソフトを利用して仕訳データを入力し，その結果としての会計帳簿や財務諸表を出力することとなる。取引処理の入力から出力までが会計ソフトで完結するものであり，その意味では，本書で学んだ「独立型取引処理システム」の運用に相当するものである。

　②　中小企業向けソフト

　このタイプは，会計ソフトが商品化された当初からのターゲットである中小企業を対象としたものであり，会計ソフトの主力商品である。商品のバージョン・アップとともに，スペックが大幅に改善されてきており，ハードディスクの容量に依存するソフトへの入力可能取引数は，ハードディスクの容量拡大により実質的に制約がなくなった。また，データベース技術の発展により，補助科目の対象科目増加や部門の階層構造の設定が可能となり，くわえてコンピュータの高性能化により，各種分析・シミュレーション機能も付加されてきた。さらに，ネットワーク技術の発展により，分散入力・出力も可能となっている。このように，このタイプは会計ソフトの主力商品として，情報通信技術の発展とともに機能充実を図ってきたのである。多くの業種に適用可能な汎用性を備えた会計ソフトであるが，ソフト会社によっては，建設業，福祉法人，医療法人など特定業種に特化した商品を提供しているケースもある。

　このタイプは，購買・販売に関する業務管理ソフトからの自動仕訳によるデータ連携が可能であり，会計ソフトとシリーズ化されて販売されている業務管理ソフトを連動させることによって

「準統合型取引処理システム」の運用が可能となる。ソフト会社によっては，業務管理ソフトから会計ソフトへの自動仕訳によるデータ連携が，リアル・タイム処理によって実施される「統合型取引処理システム」を指向したシステム構築も可能となっている。

　③　中堅企業向けソフト

　このタイプは，会計ソフトの名称は残っている場合もあるが，実際は単なる会計ソフトの範囲を超えた基幹業務統合型のパッケージ・ソフトである。会計ソフトと購買・在庫・販売管理，給与計算，固定資産管理，人事管理，顧客管理などの多くの業務管理ソフトのデータ連携を前提とした統合情報システムである。大企業を対象に，個別開発された総合的な情報システムの基本ノウハウを蓄積し，それらのベスト・プラクティスを他の大企業へと適用可能なものとしてパッケージ化した統合経営情報システムのことを，一般に ERP（Enterprise Resource Planning）ソフトと称している。前節で記したとおり，パッケージ化されたビジネス・ソフトは，中小企業向けに情報システムの個別機能を切り離して商品化されたものである。これに対して，ERP ソフトは機能を切り離さずに全体としてパッケージ化したものであるが，この③タイプの会計ソフトは，パッケージのために切り離した機能，すなわち，中小企業向けビジネス・ソフトを，再び連動・一体化したものとして商品化したものである。そのため，このソフトは，大企業ではなくそれよりもやや規模の小さい中堅企業を対象とした ERP ソフトといえる。

　以上の3つのタイプの会計ソフト以外に，税理士や公認会計士の事務所などの会計専門家を対象とするソフトがあり，店頭でソフトだけを販売するのではなく，多くはコンピュータ本体やプリンタなどと税務申告用など関連ソフトも含めてハード・ソフトをセットにして直接販売されているものである。また，財務諸表と帳簿作成機能に限定し，汎用の表計算ソフトあるいはデータベース・ソフトをベースとして作成された，安価な会計ソフトも商品化されている。最近では，中堅企業向けだけではなく個人小規模企業向けまで含めすべての領域において，インターネットを通じてソフトの提供やデータを管理するという，新たなネットワークの利用形態であるクラウド・コンピューティングを活用した会計ソフトが一般化している。

3　会計パッケージ・ソフトの構成

　会計ソフトの一般的な構成は，
　①　基本設定局面（導入処理）
　②　取引データ入力局面
　③　帳簿出力局面
　④　決算処理局面
　⑤　管理分析情報の出力局面
に分けることができる。

　①　基本設定局面

　この局面は，会計ソフトを使用するために基本情報を設定・登録する局面であり，会社名や会計期間の登録，電子帳簿保存の設定，消費税の課税方式や経理方式の選

図表6－2　会計ソフトの一般的構成

択，勘定科目や補助科目の修正・登録，部門の設定，開始残高の登録などの導入処理を行う。実際の運用に関して，利用者みずからが各々の組織・業務と会計システム・会計業務との対応を図り，どのような会計システムを構築するかを決定する重要な段階であり，いわゆるシステム設計に相当する局面である。

② 取引データ入力局面

この局面は，会計システムに対して日々の取引データを入力する局面であり，データの検索・修正・削除の処理も含む。この局面で入力されたデータがすべての分析および出力の処理対象，すなわち基本データとして会計取引ファイルに格納されることとなる。ソフトによって若干の相違はあるものの，仕訳帳形式，伝票形式，現預金出納帳形式，総勘定元帳形式，売上・仕入帳形式，経費帳形式など多様な入力形式が用意されている。

実質的には入力形式は異なるとしても，そこで入力される内容は，日付，借方勘定科目，借方金額，貸方勘定科目，貸方金額など，仕訳を構成するデータ項目であり，それらの仕訳データはすべて会計取引ファイルに格納されることとなる。そして会計取引ファイルに格納されたデータは，関係する帳簿に即時反映されることとなる。そのため，手記簿記では不可能である元帳形式からも，データ入力が可能となっている。多くの入力形式を利用する場合，重複入力のミスが考えられるが，ソフトによっては，同一日に同一の仕訳が入力された場合に，システムとして警告を発するチェック機能を備えたものもある。

入力処理では，勘定科目，内訳科目，摘要などのコード参照および登録機能，複雑な仕訳の参照機能，同じ画面からの元帳参照機能など，データの入力を支援する機能を備えている。

③ 帳簿出力局面

この局面は，仕訳帳，総勘定元帳，売上帳といった入力形式に対応した帳票や，月次の試算表などを画面あるいはプリンタでの印刷帳票として出力する局面であり，入力形式と同じメニューの中に含まれているソフトも多い。導入処理で補助科目や部門を設定していれば，補助元帳や部門別の帳票も出力可能となる。画面上の総勘定元帳の取引金額をダブル・クリックすると，伝票や仕訳帳など，そのデータの入力原票に画面がジャンプし，即時データの訂正を可能とする機能もあり，入力局面と出力局面は密接な連携機能が備わっている。

これらの帳票は，入力された取引データが出力目的に合わせて処理・加工されたものであり，取引入力後に即時出力が可能であるため，合計残高試算表や元帳など，月次単位は当然のことながら，日次でも参照できることから，経営成績の即時の把握が可能である。

④ 決算処理局面

この局面は，期末決算処理を実施するための局面であり，基本的にはデータの入力および出力処理の局面に相当するが，会計ソフトの構成上，独立したメニューとしているケースが多い。決算整理に関する仕訳については，例えば，3月決算の場合，通常の3月度の取引としてではなく，別に設定された特別な期間としての「決算月」または「決算期間」の取引として入力される。この期間として，入力された仕訳データを対象として集計された残高試算表あるいは勘定科目残高一覧表は，従来の手記簿記の精算表に相当するものとなる。会計ソフトの残高試算表は，貸借対照表および損益計算書形式にて出力されるが，この局面では，正式な報告式の貸借対照表・損益

計算書を含む決算書を出力するメニューが用意されている。

　また，この局面の付帯メニューとして，所得税申告のための決算書や法人税申告書用の科目内訳書の作成機能，消費税申告書および関連資料作成機能，キャッシュフロー計算書作成機能などを装備しているソフトもある。

　⑤　管理分析情報の出力局面

　この局面は，通常の取引入力に関連する帳票以外に，特に管理会計情報の作成・処理のために提供されたメニューである。部門別管理帳票，資金繰り表，見積り資金繰り表や資金繰りシミュレーター，予算実績対比表，経営分析，対前期比較財務諸表，損益分岐点分析などが用意されており，管理会計情報の作成，提供が可能となっている。部門別損益計算書や部門別内訳管理表などの部門管理帳票のように，システムに組み込まれた日々の取引データだけを対象に処理・加工するものや，予算実績対比表のように，取引データと別途入力した数値とを利用して処理・加工するもの，損益分岐点分析によるシミュレーションのように，取引データとは直接的に統合されていない処理などがある。いずれにおいても，付加的な作業やコストをかけずに管理資料が入手可能となっている。

　以上，会計ソフトの構成は，①がシステム設計局面（導入処理），②がデータ入力局面および③〜⑤がデータ処理・出力局面となる。会計ソフトの多くは，プルダウン・メニューのほかに，視覚的にも手順をわかりやすく示すため，局面ごとにアイコンを利用したナビゲーション・メニューも用意している。図表 6 − 3 は，「PCA 会計」のメニュー画面である。

図表 6 − 3　会計ソフトのメニュー

4 業務管理ソフトの概要

　業務管理ソフトとは，主に購買管理，販売管理等の基幹業務管理を行うために，会計ソフトの姉妹品，シリーズ商品として販売されている業務管理システムのパッケージのことをいう。例えば，「PCA 会計」であれば購買・在庫管理ソフトとして「PCA 商管」，販売管理ソフトとして「PCA 商魂」がシリーズ商品であり，「弥生会計」の場合は，購買・在庫・販売管理システムがセットとなった「弥生販売」が，業務管理ソフトとして販売されている。図表 6 − 4 は，購買・在庫管理システムである「PCA 商管」と販売管理システムである「PCA 商魂」の主な機能を示している。「PCA 商管」は，購買業務における発注，仕入および支払といった処理機能を備えている。一方，「PCA 商魂」は，販売業務における見積もり，受注，売上，請求および回収といった処理機能を備えている。また，購買業務と販売業務によって生ずる在庫の変動は，そのつど，「PCA 商管」の在庫管理機能によって処理・計算される。また，PCA 社のソフトは中小企業を対象としたものであるので，小規模企業を対象にしたソフトと比べると管理機能が充実している。

　図表 6 − 4 には，仕入処理のように実線で示されたものと，発注処理のように点線で示されたものが混在しているが，これは実線で示されている処理は会計上の取引であることを示している。そもそも業務管理ソフトは，業務管理を目的とするシステムであるから，その機能すべてが会計ソフトと直接的な関係を持つわけではない。実線で示された各処理結果が，基本的に自動仕訳の対象となるものである。

　購買や販売を担う各部門での業務管理ソフトと，財務諸表を作成するための会計ソフトとを連動させて使う方法では，売上高，売掛金，仕入高，買掛金などの業務管理に役立つような明細情報は，各業務管理ソフト側で分散的に出力されることになる。したがって，基本的にはそのような明細情報は会計ソフトには供給されず，全社的な財務諸表の出力に足りる一定期間の要約データとしての自動仕訳結果が供給されることになる。例えば，商品別売上帳や仕入先元帳などは

図表 6 − 4 業務管理ソフトの概要

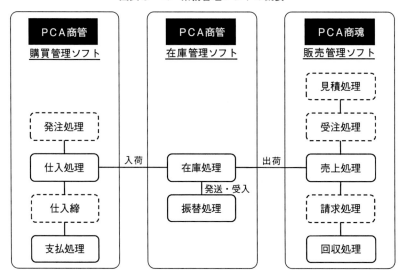

図表６－５　会計ソフトと業務管理ソフトとの連動

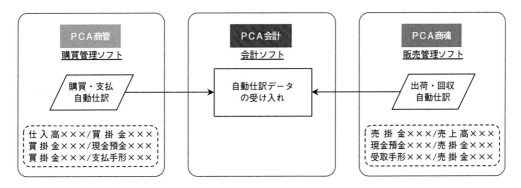

「PCA商魂」・「PCA商管」で出力され，それらの要約データとしての自動仕訳結果が「PCA会計」にデータ転送されることになる。

　一般的に市販されている会計ソフトと，業務管理ソフトとを連動させて運用する場合の自動仕訳処理は，業務管理ソフト側でなされる場合が多い。業務管理ソフトでは，一定期間の業務データを日付別，得意先別などで合算して自動仕訳を行う。ここで重要なことは，業務管理ソフトにおいて処理された自動仕訳結果を会計ソフトに転送するためには，自動仕訳の結果が会計ソフトで受入可能な形式でなければならない。すなわち，システムとしてのデータの共通性，一貫性が確保されている必要があるということである。具体的には，会計期間，勘定科目名，部門名等がソフト間において整合していることが必要である。また，業務管理ソフトで出力される得意先元帳は，売掛金勘定の内訳科目としての性格を有することになるため，各得意先元帳の残高合計金額は，会計ソフトの売掛金勘定の残高と一致していなければならない。購買管理ソフトの仕入先元帳と，会計ソフト買掛金勘定との関係も同様である。「PCA会計」と業務管理ソフトである「PCA商魂」，「PCA商管」とを連動して利用する場合，会計ソフトへの自動仕訳はバッチ処理によってデータ転送されるため，この場合は「準統合型取引処理システム」としての運用ということになる。

　以上，会計ソフトと業務管理ソフトについて概説したが，これらのソフトの運用は，一般に次の４つの方法に分類される。

　運用方法１：会計ソフト（総勘定元帳モジュール）を単独で取得して，主として会計帳簿，財務諸表作成を目的として運用する。　－－「独立型取引処理システム」としての運用

　運用方法２：購買管理ソフトを単独で取得して，注文書や棚卸表の発行などの処理，商品別・仕入先別に購買・在庫の管理や買掛金管理を行う。販売管理ソフトを単独で取得して，見積書，請求書発行など，処理，商品別・得意先別の販売管理や売掛金管理を行う。

　運用方法３：購買管理ソフト，販売管理ソフト，会計ソフトをセットで取得して，購買・販売のデータ処理と財務諸表作成を連携させる。　－－「準統合型取引処理システム」あるいは「統合型取引処理システム」としての運用

運用方法４：各ソフトで作成されるさまざまな帳簿や計算書をExcelなどの表計算ソフトに転送し，独自の分析加工を施す。

6－2　会計パッケージ・ソフトの活用

1 システム設計局面としての導入処理

(1) 勘定科目・補助科目・部門の登録

ここでは，上記の運用方法３のパターンを対象として，実際のソフトの運用について概観する。

会計ソフトの導入にあたっては，企業の経理で使用している勘定科目や経営組織（内部の営業所や部門）の体系を設定し，勘定科目別，部門単位別に期首残高を登録することが必要となる。会計ソフトにおける導入処理は，会計ソフトへの入力可能なデータと出力可能な情報とを特定することになり，通常のシステム設計と同様に，最も重要な段階となる。この処理は，第３章で学習した勘定マスターファイルの定義や，部門マスターファイルの定義に相当する。

①　勘定科目の登録

会計ソフトでは，あらゆる企業に対応できるように，あらかじめ標準的な勘定組織が勘定マスター上に定義されており，勘定科目コード，勘定科目名は設定済みとなっている。しかし，会計ソフトを利用する企業が自社の勘定組織に合わせて，勘定科目名の変更や一定の範囲内で勘定科目の追加登録，不要な勘定科目を削除することが可能となっている。図表６－６は「PCA会計」の勘定マスターである勘定科目の登録画面である。ここでの登録処理によって，実際の取引入力段階でその勘定科目を使用することが可能となり，さらにその登録した勘定科目の元帳出力や財務諸表上への出力など主要簿の出力が可能となる。

図表６－６　会計ソフトの勘定登録（勘定マスター）

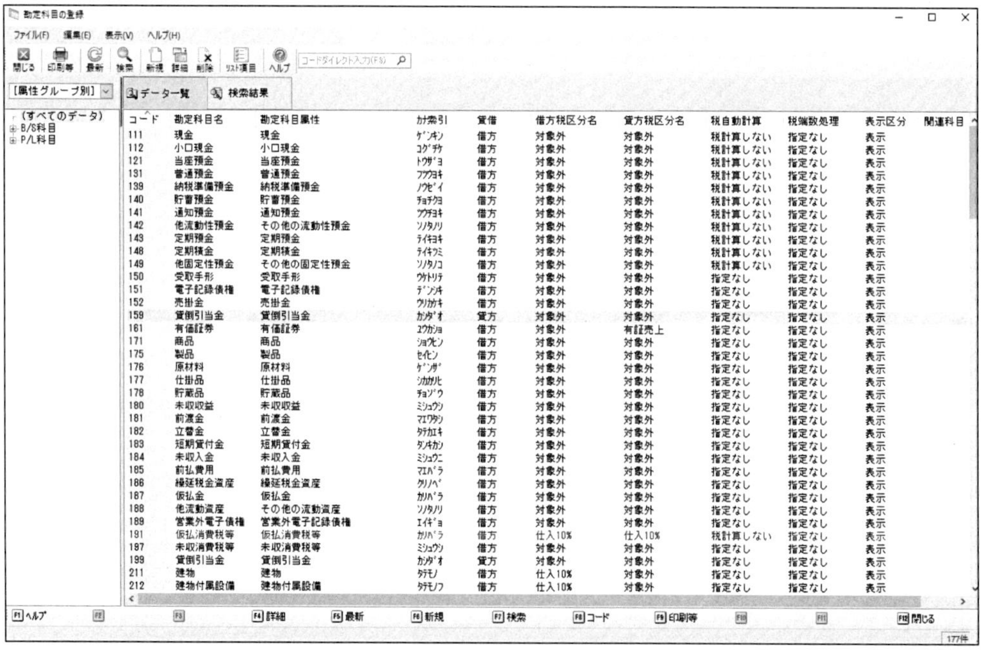

コード	勘定科目名	勘定科目属性	ｶﾅ索引	貸借	借方税区分名	貸方税区分名	税自動計算	税端数処理	表示区分	関連科目
111	現金	現金	ｹﾞﾝｷﾝ	借方	対象外	対象外	税計算しない	指定なし	表示	
112	小口現金	小口現金	ｺｸﾞﾁｹ	借方	対象外	対象外	税計算しない	指定なし	表示	
121	当座預金	当座預金	ﾄｳｻﾞﾖ	借方	対象外	対象外	税計算しない	指定なし	表示	
131	普通預金	普通預金	ﾌﾂｳﾖｷ	借方	対象外	対象外	税計算しない	指定なし	表示	
139	納税準備預金	納税準備預金	ﾉｳｾﾞｲ	借方	対象外	対象外	税計算しない	指定なし	表示	
140	貯蓄預金	貯蓄預金	ﾁｮﾁｸﾖ	借方	対象外	対象外	税計算しない	指定なし	表示	
141	通知預金	通知預金	ﾂｳﾁﾖｷ	借方	対象外	対象外	税計算しない	指定なし	表示	
142	他流動性預金	その他の流動性預金	ｿﾉﾀﾉﾘ	借方	対象外	対象外	税計算しない	指定なし	表示	
143	定期預金	定期預金	ﾃｲｷﾖｷ	借方	対象外	対象外	税計算しない	指定なし	表示	
148	定期積金	定期積金	ﾃｲｷﾂﾐ	借方	対象外	対象外	税計算しない	指定なし	表示	
149	他固定性預金	その他の固定性預金	ｿﾉﾀﾉｺ	借方	対象外	対象外	税計算しない	指定なし	表示	
150	受取手形	受取手形	ｳｹﾄﾘﾃ	借方	対象外	対象外	指定なし	指定なし	表示	
151	電子記録債権	電子記録債権	ﾃﾞﾝｼｷ	借方	対象外	対象外	指定なし	指定なし	表示	
152	売掛金	売掛金	ｳﾘｶｹｷ	借方	対象外	対象外	指定なし	指定なし	表示	
159	貸倒引当金	貸倒引当金	ｶｼﾀﾞｵ	貸方	対象外	対象外	指定なし	指定なし	表示	
161	有価証券	有価証券	ﾕｳｶｼｮ	借方	対象外	有証売上	指定なし	指定なし	表示	
171	商品	商品	ｼｮｳﾋﾝ	借方	対象外	対象外	指定なし	指定なし	表示	
175	製品	製品	ｾｲﾋﾝ	借方	対象外	対象外	指定なし	指定なし	表示	
176	原材料	原材料	ｹﾞﾝｻﾞ	借方	対象外	対象外	指定なし	指定なし	表示	
177	仕掛品	仕掛品	ｼｶｶﾘﾋ	借方	対象外	対象外	指定なし	指定なし	表示	
178	貯蔵品	貯蔵品	ﾁｮｿﾞｳ	借方	対象外	対象外	指定なし	指定なし	表示	
180	未収収益	未収収益	ﾐｼｭｳｼ	借方	対象外	対象外	指定なし	指定なし	表示	
181	前渡金	前渡金	ﾏｴﾜﾀｼ	借方	対象外	対象外	指定なし	指定なし	表示	
182	立替金	立替金	ﾀﾃｶｴｷ	借方	対象外	対象外	指定なし	指定なし	表示	
183	短期貸付金	短期貸付金	ﾀﾝｷｶｼ	借方	対象外	対象外	指定なし	指定なし	表示	
184	未収入金	未収入金	ﾐｼｭｳﾆ	借方	対象外	対象外	指定なし	指定なし	表示	
185	前払費用	前払費用	ﾏｴﾊﾞﾗ	借方	対象外	対象外	指定なし	指定なし	表示	
186	繰延税金資産	繰延税金資産	ｸﾘﾉﾍﾞ	借方	対象外	対象外	指定なし	指定なし	表示	
187	仮払金	仮払金	ｶﾘﾊﾞﾗ	借方	対象外	対象外	指定なし	指定なし	表示	
188	他流動資産	その他の流動資産	ｿﾉﾀﾉﾘ	借方	対象外	対象外	指定なし	指定なし	表示	
189	営業外電子債権	営業外電子記録債権	ｴｲｷﾞｮ	借方	対象外	対象外	指定なし	指定なし	表示	
191	仮払消費税等	仮払消費税等	ｶﾘﾊﾞﾗ	借方	仕入10%	仕入10%	税計算しない	指定なし	表示	
197	未収消費税等	未収消費税等	ﾐｼｭｳｼ	借方	対象外	対象外	指定なし	指定なし	表示	
199	貸倒引当金	貸倒引当金	ｶｼﾀﾞｵ	貸方	対象外	対象外	指定なし	指定なし	表示	
211	建物	建物	ﾀﾃﾓﾉ	借方	仕入10%	対象外	指定なし	指定なし	表示	
212	建物付属設備	建物付属設備	ﾀﾃﾓﾉﾌ	借方	仕入10%	対象外	指定なし	指定なし	表示	

② 補助科目・部門の登録

　会計ソフトにおける勘定科目の登録は主要簿の出力を可能とするが，主要簿以外の補助元帳や部門別の損益情報などを出力可能とするためには，勘定科目に別のデータ項目として補助科目を付帯させる必要がある。補助科目とは，ある勘定科目の内訳科目として位置づけられ，業務に役立つ勘定科目の明細情報を明らかにすることができる。明細情報としての補助元帳等を出力するためには，例えば，「当座預金－A銀行」，「売掛金－X商店」というように，勘定科目と銀行口座や取引先の補助科目とを関連づけて会計取引ファイルに格納することが必要である。

　図表6－7は，「PCA会計」における補助科目の登録画面と補助元帳を示している。会計ソフトでは，一般的に銀行口座，得意先および仕入先別に補助元帳を出力するために各勘定科目に補助科目を設けることができる。会計ソフトでは，導入処理の段階で補助科目を設定することによって補助元帳の出力が可能となり，出力時には勘定コードと補助コードとの組み合わせによる検索条件によって，会計取引ファイルから該当する取引を検索する。補助元帳の出力のためには，設定した補助科目に応じた明細金額を入力することとなる。

　全社損益の明細情報として部門別の損益情報を出力するためには，勘定科目と部門の補助科目とを関連づけて会計取引ファイルに格納することが必要である。図表6－8の通り，部門別損益管理のために経営組織（営業所や部門）の体系を登録することで，売上高や仕入高といった損益勘定にそれらの業務を行った経営組織が内訳として設定され，部門別の損益計算書などを作成することができる。補助元帳の出力と同様に部門別損益計算書の出力は，設定した部門に応じた明細金額を入力することによって可能となる。全社レベルの損益計算書は，各部門の損益計算書を合計することによって，自動的に集計されることとなるため，全社レベルでの取引を再度入力す

図表6－7　会計ソフトの補助科目登録（補助科目マスター）と補助元帳

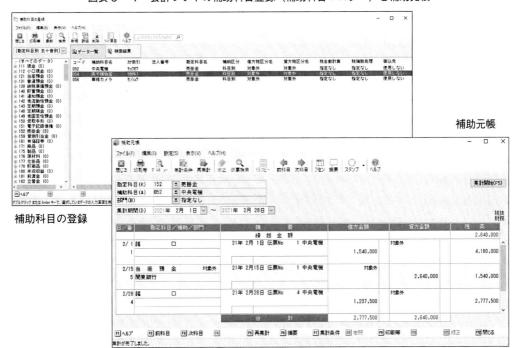

図表6−8　会計ソフトの部門登録（部門マスター）と部門別損益計算書

る必要はない。

　補助科目や部門の登録など，必要とする情報を産出するためには，そのために必要なデータを入力・格納するためのデータの登録，データ・ファイルの設計が必要となるのであり，その意味から，導入処理はシステム設計のための局面と位置づけられる。

（2）開始残高の登録

　会計ソフトを利用する場合，基本的に期首導入と期中導入の2つの方法があり，導入処理にあたって各勘定科目の残高登録方法が異なる。会計期間の期首から運用を開始する期首導入は，前期繰越残高，すなわち貸借対照表科目の前期から繰り越された残高を登録する。登録された金額を期首残高として，新会計期間開始後の取引をすべて入力処理していくこととなる。

　一方，会計期間の途中から運用を開始する期中導入には，2つの残高登録の方法がある。1つは，前期繰越残高を入力し，それにくわえて，期首から導入前日までに発生した取引をすべて入力する方法である。この方法によると，会計ソフトの導入後の会計帳簿や決算書はもちろんのこと，導入時以前の会計帳簿等も出力することができる。また，翌期以降において月次試算表の前年対比といった情報も出力可能となる。しかし，この方法は実質的に期首導入と同様の処理のために相当の労力を要するため，導入日以前のデータを試表の月次合計値など一定期間の集計値

を利用して入力する簡便的方法を採用することも有効となる。

　もう1つの方法は，期首から導入前日までの取引の総計として，導入前日の各勘定科目の残高を入力する方法である。期中の6月から導入する場合には，5月末日の各勘定科目残高を入力する方法である。この方法は，入力作業が容易である一方，導入前までの会計帳簿は出力できないという欠点がある。

　いずれの方法によるとしても，導入に際して補助科目や部門を設定した場合には，開始残高として登録する金額も，それらの補助科目別や部門別勘定科目別という明細項目ごとの残高金額によって登録処理をする必要がある。

（3）業務管理ソフトの導入処理

　業務管理ソフトの導入処理においては，まず基本情報となる会計期間，棚卸資産の評価方法などを登録する。業務管理ソフト上で処理される業務データは，最終的に会計データに変換されて会計ソフトに供給されるので，両者の会計期間は一致していなければならない。これが異なる場合は，会計ソフトでは業務管理ソフトで処理された会計データを受け入れることはできない。棚卸資産の評価方法は，最終仕入原価法，総平均法，標準原価法といったものが標準的に装備されているのでいずれかを選択する。これらの払出単価の計算方法は，基本的には期別・月別法であり，業務管理ソフトでは，商品別に月末・期末の商品棚卸高を算出することになる。

　次に，商品，仕入先，得意先などの各マスターを登録する。これによって売上高，売掛金，仕入高，買掛金などの業務管理に役立つような内訳としての明細情報は，各業務管理ソフトで分散的に出力が可能となる。前節でも記した通り，通常，売掛金の得意先別管理，買掛金の仕入先管理は業務管理ソフト側で実施され，会計ソフト側ではその合計値が処理対象となる。例えば，販売管理ソフトで出力される得意先元帳は，売掛金勘定の内訳科目としての性格を有することになるので，販売管理ソフトにおける各得意先元帳の残高合計金額は，会計ソフトの売掛金勘定の残高と一致していなければならない。したがって，導入処理において，会計ソフトでは売掛金勘定にすべての得意先の合計残高金額が入力され，販売管理ソフトでは，その金額データの内訳明細としての得意先別残高金額が入力されることとなる。

② データ入力局面

（1）会計ソフトへのデータ入力

　会計ソフトへのデータ入力局面では，基本的に日常取引を仕訳済みのデータとして仕訳帳形式または振替伝票形式にて入力する。以下では，具体的な取引データ入力以降の処理について，「PCA会計」，「PCA商管」，「PCA商魂」の帳票画面も紹介しながらその流れを概観する。

　振替伝票入力の場合，伝票画面を1件ごとに登録し会計取引ファイルに格納する。図表6－9の上の図は「PCA会計」の振替伝票の画面である。振替伝票画面の下部には貸借別の合計欄とともに，その貸借合計金額の差額を表示する欄があり，差額を確認しながらの入力が可能となっている。仮に，入力した取引の貸借の合計金額が一致していない場合に登録を行うと「貸借が一致していません」といったメッセージが表示され，登録できない。これは会計ソフトの設計にお

図表6－9　会計ソフトの取引入力画面

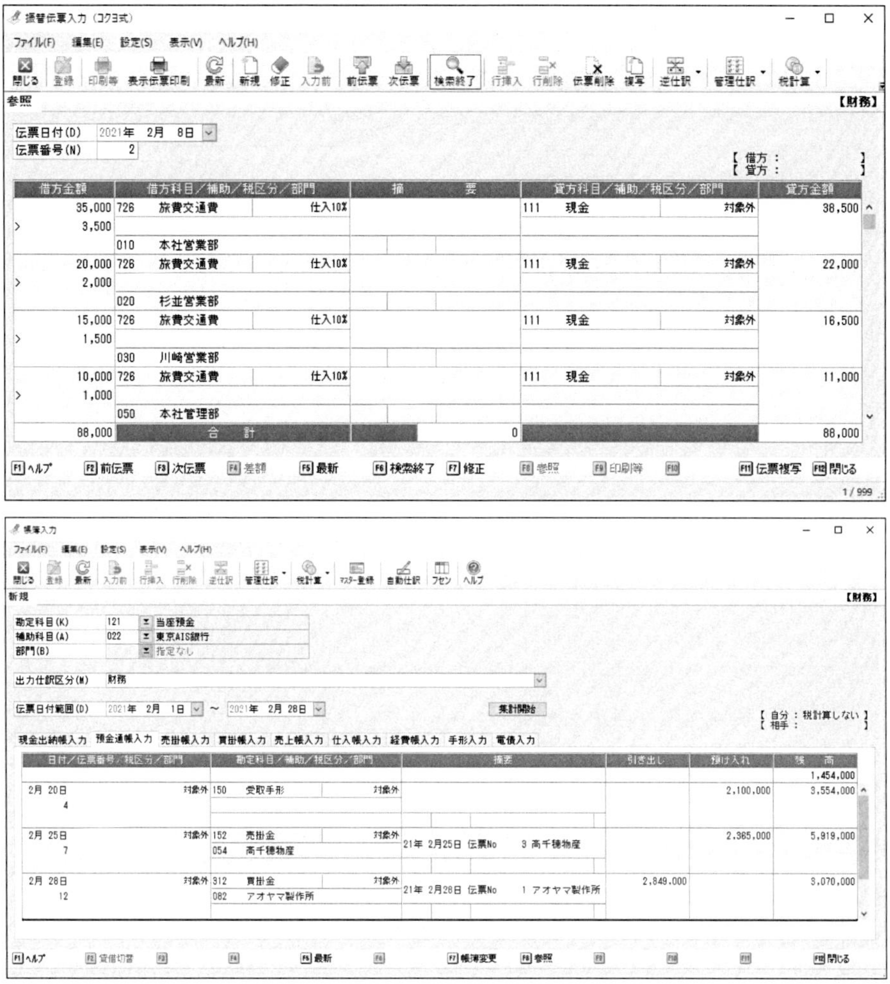

いて，複式簿記の原理である二重性の原理が反映されているからである。

　図表6－9の下の図は，帳簿形式のデータ入力画面である。この帳簿形式のデータ入力は，基本的には仕訳をせずに仕訳データの入力が可能であり，例えば預金出納帳で預金の引き出しか預け入れかを入力することで，会計ソフトが自動的に仕訳を生成する。

（2）業務管理ソフトへのデータ入力と自動仕訳

　業務管理ソフトへのデータ入力局面は，商品売買に関する日常取引を業務データとして売上伝票画面，入金伝票画面，仕入伝票画面，出金伝票画面といった取引内容ごとに構成される伝票画面で入力し，伝票画面を1件ごとに登録し，業務取引ファイルに格納する。図表6－10は，販売管理ソフト「PCA商魂」における売上伝票画面である。これを見てわかるように，業務管理ソフトにおけるデータ入力では，勘定をともなったデータ入力は行われず，仕訳の処理はなされていない。しかし，この取引ごとに構成される伝票画面が，すでに仕訳を誘導する項目となって

図表 6 - 10　販売管理ソフトの売上伝票画面

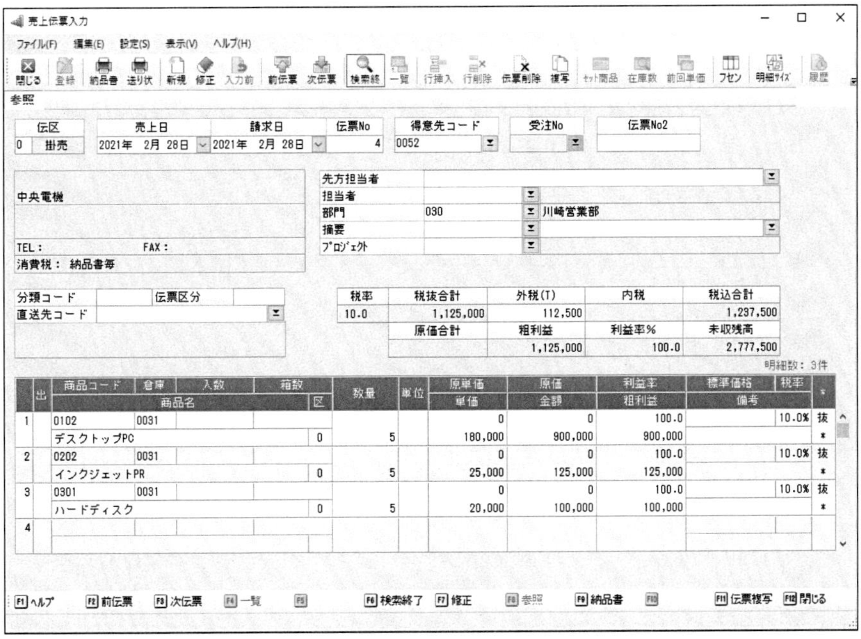

いる。すなわち，売上伝票画面そのものが仕訳を生成する際に，貸方「売上」勘定を誘導する項目となり，図表 6 - 10 の上部に示される「伝区」→「0 掛売」といったコードが借方「売掛金」勘定を誘導する項目となる。これらの項目にしたがった業務データが，業務データファイルに格納されることによって，最終的に業務データファイルを対象に自動仕訳処理が行われる。多くの業務管理ソフトでは，一定期間の業務データを伝票別の個別取引単位での自動仕訳，あるいは日付単位，得意先単位などによる合計での自動仕訳を行い，その結果を会計ソフトに転送する機能を備えている。自動仕訳を会計ソフトで受入可能な形式にするためには，自動仕訳を実行する段階で勘定科目や部門などの確認・設定を行うこととなる。

3 データ処理・出力局面

（1）各ソフトにおける帳簿の出力

　会計ソフトや業務管理ソフトにおける帳簿の出力は，会計取引ファイルや業務データファイルに格納されたデータから，必要な帳簿をそのつどデータ処理し画面または紙面に出力する。帳簿は，出力時点でデータ入力を終えているものすべてを反映して，任意の時点でいつでも出力可能である。図表 6 - 11 は，「PCA 会計」で出力された合計残高試算表である。また，図表 6 - 12 は，販売管理ソフト「PCA 商魂」で出力された得意先元帳である。

（2）月末処理（決算処理）

　図表 6 - 13 は，月末における業務管理ソフトと会計ソフトの月末処理を示している。実際に「PCA 会計」，「PCA 商管」，「PCA 商魂」を利用した場合の月末処理の流れである。図表中の長

図表6－11　会計ソフトの合計残高試算表

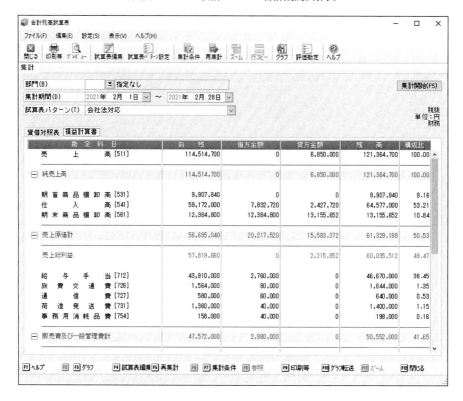

図表6－12　販売管理ソフトの得意先元帳

図表6－13　月末処理の流れ

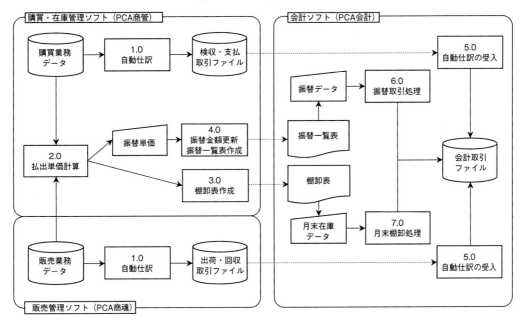

図表6－14　仕入・在庫管理ソフトの在庫受払帳

在庫受払帳

東京システム販売株式会社
倉　庫　　：(0011)本社倉庫

1 ページ

2021年 2月 1日～2021年 2月28日

入出荷日	伝票No	仕入単価	入荷数	出荷数	在庫数	入出荷先名	入数	ﾛｹｰｼｮﾝNo
■(0101)ノートPC					30	【繰越在庫】		
21/ 2/10 仕入	1	70,000	10		40	アオヤマ製作所		
			10	0		【期間合計】		
■(0102)デスクトップPC					15	【繰越在庫】		
21/ 2/ 2 振替	1			10	5	杉並倉庫		
21/ 2/10 仕入	1	130,000	15		20	アオヤマ製作所		
21/ 2/21 振替	2			5	15	川崎倉庫		
			15	15		【期間合計】		
■(0103)タブレットPC					30	【繰越在庫】		
21/ 2/ 4 売上	2			20	10	高千穂物産		
21/ 2/20 仕入	4	35,000	20		30	アオヤマ製作所		
			20	20		【期間合計】		

方形で示される各データ処理についている番号（1.0～7.0）は，月末におけるデータ処理の順番を示している。

最初の処理（月末処理1.0）では，各業務管理ソフトの業務データを対象に，自動仕訳処理を行う。自動仕訳の対象は，期中の購買取引（検収・支払）と販売取引（出荷・回収）となる。

次に，購買・在庫管理ソフトにおいて商品の受け払いの記録から月末在庫数量を確定する。図表6－14は，出力された在庫受払帳である。この在庫受払帳で把握されているのは，商品受払数量と在庫数量である。この在庫受払帳は，手作業簿記で学習した商品有高帳のような商品の数量計算と単価計算とが一体となったものとは異なる。購買・在庫管理ソフトにおいて払出単価の計算は，ソフトの導入処理において選択した払出単価の計算方法（月末処理2.0）によって行われ

図表6－15　仕入・在庫管理ソフトの棚卸表

商　品	数　量	単位	評価単価	金　額	ロケーションNo
(0101)ノートPC	40		78,413	3,136,520	
(0102)デスクトップPC	15		142,857	2,142,855	
(0103)タブレットPC	30		37,118	1,113,540	
(0201)レーザーPR	25		48,039	1,200,975	
(0202)インクジェットPR	50		16,592	829,600	
(0301)ハードディスク	20		10,435	208,700	
(0302)無線LAN	32		4,538	145,216	
【倉　庫　計】	212			8,777,406	

東京システム販売株式会社
倉　庫　：(0011)本社倉庫

棚　卸　表

1 ページ

2021年 2月28日現在

る。計算された払出単価に，商品受払帳の月末在庫数量を乗じて月末商品棚卸金額を算定し，図表6－15のような棚卸表として出力する（月末処理3.0）。また，本書の「共通取引モデル」と同じく，本社で一括して商品を購入して必要に応じて各営業部に商品を発送（振替）しているような場合においては，この計算された払出単価を部門間の商品振替取引の単価として用いて振替取引金額が確定される（月末処理4.0）。

最後に，業務管理ソフトで処理された自動仕訳結果を，会計ソフト側で受入処理（月末処理5.0）を行い，会計取引ファイルに格納する。また，自動仕訳の対象外である，振替取引，月末商品棚卸高の月次決算整理仕訳を，振替取引一覧表と棚卸表にもとづいて，会計ソフトに直接手入力し会計取引ファイルに格納する（月末処理6.0 - 7.0）。これによって会計ソフトにおいて完全な各会計帳簿が出力可能となる。

4 会計ソフト運用における課題

会計ソフトは，個別のオーダーメイドの会計システムとは異なり，難しいプログラムの知識がなくても，複式簿記の知識があれば，容易に運用できるきわめて操作性の高いものである。しかし，多くの利用者を前提とした汎用性を備えることも必要とされるため，取引処理システムの基本的構造・枠組みは備えているものの，その運用に関しては利用者自身が提供された制約条件の中で個別的に対応しなければならない。効率的な会計システムを設計するためには，会計システムと組織や業務との対応，必要とされる管理会計情報の範囲や詳細性，および経理上の作業の流れとの関連等を慎重に検討する必要がある。基本的にインプット・データとしては仕訳データおよび予算データのように付加的に入力するデータであり，それらを対象として何らかの方法で処理・加工するため，アウトプットとしての情報も限定的なものとなる。

コンピュータによる処理では，入力したデータが自動的に処理され，すべての処理が即時に可能となる。しかしこれは，手作業におけるような段階的処理の過程を経ず，しかも計算・転記・作表が正確に実施されることから，手作業において転記作業の中で発見可能であったミス（科目

違いや，貸借逆仕訳）がそのまま見過ごされてしまうこととなる。したがって，コンピュータによる会計処理の場合，インプット・データとしての仕訳の正確性が，より一層要求されることになるといえる。また，仕訳の訂正や，元帳の再出力が容易であることによって，経理操作，不正の温床ともなりかねないものであり，会計監査，税務調査等，外部からの会計処理に対する信頼性を維持するための内部チェック，牽制制度の整備，実施が重要となる。

152

152

152

練習問題

設問6−1 会計ソフトの3つの類型についてそれぞれ簡単に説明しなさい。

設問6−2 会計ソフトの一般的構成について説明しなさい。

設問6−3 会計ソフトの運用に際して，基本設定局面（導入処理）が重要である理由を説明しなさい。

設問6−4 会計ソフトの基本設定局面（導入処理）における開始残高登録の方法について説明しなさい。

設問6−5 会計ソフトと業務管理ソフトの4つの運用方法について各々説明しなさい。

共通取引モデル

1　取引モデルの概要

1 概　況

　東京システム販売㈱は，東京都新宿区に本社を置く，コンピュータ関連用品を扱う卸売業の会社である。

　このたび，新システムの導入を決定し，20X1年2月1日より新システムを運用することになった。

2 会社組織

　本社営業部の他に，杉並営業部，川崎営業部がある。商品の販売業務は本社営業部・販売課，杉並営業部，川崎営業部で行っている。商品の購買業務は本社営業部・購買課で一括して行い，各営業部に商品を発送している。

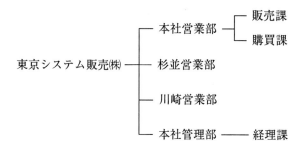

3 営業品目

- ● パソコン（ノートパソコン，デスクトップパソコン，タブレットパソコン）
- ● プリンター（レーザープリンター，インクジェットプリンター）
- ● 関連用品（外付けハードディスク，無線LANルーター）

4 取引先

- ● 得意先：中央電機㈱（月末締め翌月15日回収）
  - 高千穂物産㈱（25日締め翌月25日回収）
  - 専修カメラ㈱（20日締め翌月15日回収）
- ● 仕入先：㈱アオヤマ製作所（月末締め翌月末払い）からパソコンを購入
  - ㈱ミツワ電子（25日締め翌月末払い）からプリンターを購入
  - ㈱アジアニクス（20日締め翌月末払い）からパソコン周辺機器を購入

5 会計組織

- ● 第3〜5章の実習（取引処理システムの形態）ごとに取引処理方法（商品売買取引，月次決算の有無）が異なるので，詳細は各実習の指示にしたがうこと。

- 会計業務 ⇒ 会計業務は，原則，本社経理課で処理する。
- 会計期間 ⇒ 20X0 年 4 月 1 日から 20X1 年 3 月 31 日まで（第 7 期）
- 部門別損益管理を目的に部門別損益計算書を作成する場合は，本社販売課と本社購買課は本社営業部として 1 つの部門とし，本社営業部，杉並営業部，川崎営業部，本社管理部の 4 つの部門を設定する。
- 当座預金の管理を目的に補助元帳を作成する場合は，取引銀行の口座別に補助科目を設定する。
- 売掛金・買掛金の管理を目的に補助元帳を作成する場合は，取引銀行の口座別に補助科目を設定する。
- 販売・購買取引はすべて掛取引で行っている。

2 準備資料

1 20X1 年 1 月末日の残高試算表

≪年次決算のみの場合≫

残高試算表
20X1年1月31日

借 方	勘 定 科 目	貸 方
1,160,310	現　　　　　金	
3,761,540	当 座 預 金	
4,615,500	受 取 手 形	
7,452,500	売 　掛　 金	
9,907,840	商　　　　　品	
8,783,400	仮 払 消 費 税	
12,000,000	建　　　　　物	
3,500,000	備　　　　　品	
	減 価 償 却 累 計 額	4,475,000
	支 払 手 形	1,800,000
	買 　掛　 金	5,017,100
	仮 受 消 費 税	11,451,470
	長 期 借 入 金	5,600,460
	資 　本　 金	10,000,000
	繰 越 利 益 剰 余 金	5,251,870
	売 　上　 高	114,514,700
	受 取 利 息	150,000
59,172,000	仕 　入　 高	
43,910,000	給 料 手 当	
1,564,000	旅 費 交 通 費	
580,000	通 　信　 費	
1,360,000	荷 造 発 送 費	
158,000	事 務 用 品 費	
335,510	支 払 利 息	
158,260,600	合 計	158,260,600

≪月次決算を行っている場合≫

残高試算表
20X1年1月31日

借 方	勘 定 科 目	貸 方
1,160,310	現　　　　　金	
3,761,540	当 座 預 金	
4,615,500	受 取 手 形	
7,452,500	売 　掛　 金	
12,384,800	商　　　　　品	
8,783,400	仮 払 消 費 税	
12,000,000	建　　　　　物	
3,500,000	備　　　　　品	
	減 価 償 却 累 計 額	4,475,000
	支 払 手 形	1,800,000
	買 　掛　 金	5,017,100
	仮 受 消 費 税	11,451,470
	長 期 借 入 金	5,600,460
	資 　本　 金	10,000,000
	繰 越 利 益 剰 余 金	5,251,870
	売 　上　 高	114,514,700
	受 取 利 息	150,000
9,907,840	期 首 商 品 棚 卸 高	
59,172,000	仕 　入　 高	
	期 末 商 品 棚 卸 高	12,384,800
43,910,000	給 料 手 当	
1,564,000	旅 費 交 通 費	
580,000	通 　信　 費	
1,360,000	荷 造 発 送 費	
158,000	事 務 用 品 費	
335,510	支 払 利 息	
170,645,400	合 計	170,645,400

2 損益科目の部門別内訳残高

損益科目部門残高（税抜き金額）20X1年1月31日					
勘定科目	本社営業部	杉並営業部	川崎営業部	本社管理部	合計
売上高	54,967,050	36,644,710	22,902,940		114,514,700
パソコン売上高	35,178,910	23,452,610	14,657,880		73,289,400
プリンター売上高	12,642,430	8,428,290	5,267,680		26,338,400
関連品売上高	7,145,710	4,763,810	2,977,380		14,886,900
仕入高	28,402,510	18,935,070	11,834,420		59,172,000
パソコン仕入高	18,177,550	12,118,430	7,574,020		37,870,000
プリンター仕入高	6,532,610	4,355,070	2,721,920		13,609,600
関連品仕入高	3,692,350	2,461,570	1,538,480		7,692,400
給料手当	18,003,100	11,416,600	9,221,100	5,269,200	43,910,000
旅費交通費	641,240	406,640	328,440	187,680	1,564,000
通信費	237,800	150,800	121,800	69,600	580,000
荷造発送費	557,600	353,600	285,600	163,200	1,360,000
事務用消耗品費	64,780	41,080	33,180	18,960	158,000

3 補助科目残高

当座預金明細 20X1年1月31日		売掛金明細 20X1年1月31日		買掛金明細 20X1年1月31日	
東京AIS銀行	1,454,000	中央電機㈱	2,640,000	㈱アオヤマ製作所	2,849,000
関東銀行	2,307,540	高千穂物産㈱	2,530,000	㈱ミツワ電子	1,727,000
		専修カメラ㈱	2,282,500	㈱アジアニクス	441,100
計	3,761,540	計	7,452,500	計	5,017,100

4 期首商品棚卸高

本社営業部	杉並営業部	川崎営業部	合計
5,548,390	2,675,120	1,684,330	9,907,840

5 1月末商品棚卸高

	単価	本社営業部		杉並営業部		川崎営業部		合計
		数量	金額	数量	金額	数量	金額	
ノートPC	80,000	30	2,400,000	15	1,200,000	8	640,000	4,240,000
デスクトップPC	150,000	15	2,250,000	8	1,200,000	4	600,000	4,050,000
タブレットPC	38,000	30	1,140,000	10	380,000	8	304,000	1,824,000
レーザーPR	50,000	15	750,000	9	450,000	7	350,000	1,550,000
インクジェットPR	18,000	15	270,000	4	72,000	2	36,000	378,000
ハードディスク	10,000	15	150,000	5	50,000	6	60,000	260,000
無線LAN	4,600	12	55,200	3	13,800	3	13,800	82,800
合計			7,015,200		3,365,800		2,003,800	12,384,800

3 取 引

1 2月取引

日付	取引区分 損益部門	取引内容		金額
2/1	出荷 川崎営業部	中央電機㈱へ商品販売	ノート PC 5 台（@140,000） タブレット PC 5 台（@60,000） レーザー PR 5 台（@80,000）	700,000 300,000 400,000
			小 計 消費税	1,400,000 140,000
2/2	振替発送 本社営業部	杉並営業部へ商品発送	デスクトップ PC 10 台 ハードディスク 10 台 無線 LAN 10 台	＊＊＊＊ ＊＊＊＊ ＊＊＊＊
2/3	支払 杉並営業部	配送運賃を現金支払い	消費税	20,000 2,000
2/4	出荷 本社営業部	高千穂物産㈱へ商品販売	タブレット PC 20 台（@60,000） レーザー PR 10 台（@80,000） インクジェット PR 10 台（@25,000）	1,200,000 800,000 250,000
			小 計 消費税	2,250,000 225,000
2/8	支払 本社営業部 杉並営業部 川崎営業部 本社管理部	交通費を現金支払い		35,000 20,000 15,000 10,000
			小 計 消費税	80,000 8,000
2/10	出荷 杉並営業部	専修カメラ㈱へ商品販売	デスクトップ PC 10 台（@180,000） ハードディスク 10 台（@20,000） 無線 LAN 10 台（@7,500）	1,800,000 200,000 75,000
			小 計 消費税	2,075,000 207,500
2/10	検収 本社営業部	㈱アオヤマ製作所から商品購入	ノート PC 10 台（@70,000） デスクトップ PC 15 台（@130,000）	700,000 1,950,000
			小 計 消費税	2,650,000 265,000
2/11	支払 川崎営業部	事務用品を現金支払い	消費税	25,000 2,500
2/12	検収 本社営業部	㈱ミツワ電子から商品購入	レーザー PR 20 台（@45,000） インクジェット PR 50 台（@16,000）	900,000 800,000
			小 計 消費税	1,700,000 170,000
2/15	売掛回収	中央電機㈱から売掛金が関東銀行（当座）に振込まれる		2,640,000
2/15	売掛回収	専修カメラ㈱から売掛金を約束手形にて受け取る		2,282,500

日付	取引区分 損益部門	取引内容			金額
2/15	検収 本社営業部	㈱アジアニクスから商品購入　ハードディスク 20 台（@11,000） 無線 LAN 30 台（@4,500）			220,000 135,000
			小　計		355,000
			消費税		35,500
2/20	入金	約束手形が決済され，東京 AIS 銀行（当座）に入金された			2,100,000
2/20	支払 杉並営業部	事務用品を現金支払い		消費税	15,000 1,500
2/20	検収 本社営業部	㈱アオヤマ製作所から商品購入　タブレット PC 20 台（@35,000）		消費税	700,000 70,000
2/21	振替発送 本社営業部	川崎営業部へ商品発送　デスクトップ PC 5 台 インクジェット PR 5 台 ハードディスク 5 台			＊＊＊＊ ＊＊＊＊ ＊＊＊＊
2/22	支払 川崎営業部	配送運賃を現金支払い		消費税	20,000 2,000
2/24	現金引出し	関東銀行（当座）から現金引出し			2,500,000
2/25	支払 本社営業部 杉並営業部 川崎営業部 本社管理部	給与の支払い 所得税を預かり残額を現金支払い	給料 1,200,000 給料　720,000 給料　480,000 給料　360,000	所得税 145,200 所得税　87,100 所得税　58,100 所得税　43,600	
			小計 2,760,000	334,000 （支給額：2,426,000）	
2/25	売掛回収	高千穂物産㈱から売掛金が東京 AIS 銀行（当座）に振込まれる			2,365,000
2/26	支払	長期借入金を利息とともに関東銀行（当座）より返済		元　本 利　息	165,343 32,669
2/28	出荷 川崎営業部	中央電機㈱へ商品販売　デスクトップ PC 5 台（@180,000） インクジェット PR 5 台（@25,000） ハードディスク 5 台（@20,000）			900,000 125,000 100,000
			小　計		1,125,000
			消費税		112,500
2/28	支払 本社営業部 杉並営業部 川崎営業部 本社管理部	通信費を現金支払い			18,000 12,000 9,000 21,000
			小　計		60,000
			消費税		6,000
2/28	買掛支払	㈱アオヤマ製作所の口座へ買掛金を東京 AIS 銀行（当座）から振込む			2,849,000
2/28	買掛支払	㈱ミツワ電子の口座へ買掛金を関東銀行（当座）から振込む			1,727,000
2/28	買掛支払	㈱アジアニクスの口座へ買掛金を関東銀行（当座）から振込む			390,500

2 3月取引

日付	取引区分 損益部門	取引内容		金額
3/1	振替発送 本社営業部	川崎営業部へ商品発送	デスクトップ PC 10 台 インクジェット PR 10 台 無線 LAN 10 台	＊＊＊＊ ＊＊＊＊ ＊＊＊＊
3/2	支払 川崎営業部	配送運賃を現金支払い		20,000 消費税 2,000
3/3	振替発送 本社営業部	杉並営業部へ商品発送	タブレット PC 10 台 レーザー PR 10 台 ハードディスク 10 台	＊＊＊＊ ＊＊＊＊ ＊＊＊＊
3/4	支払 杉並営業部	配送運賃を現金支払い		20,000 消費税 2,000
3/5	出荷 川崎営業部	高千穂物産㈱へ商品販売	デスクトップ PC10 台（@180,000） インクジェット PR 10 台（@25,000） 無線 LAN 10 台（@7,500）	1,800,000 250,000 75,000
			小 計 2,125,000 消費税 212,500	
3/8	支払 本社営業部 杉並営業部 川崎営業部 本社管理部	交通費を現金支払い		 42,700 24,400 18,300 12,200
			小 計 97,600 消費税 9,760	
3/10	検収 本社営業部	㈱アオヤマ製作所から商品購入	ノート PC 20 台（@75,000） タブレット PC 30 台（@36,000）	1,500,000 1,080,000
			小 計 2,580,000 消費税 258,000	
3/10	出荷 杉並営業部	専修カメラ㈱へ商品販売	タブレット PC 10 台（@60,000） レーザー PR 10 台（@80,000） ハードディスク 10 台（@20,000）	600,000 800,000 200,000
			小 計 1,600,000 消費税 160,000	
3/12	検収 本社営業部	㈱ミツワ電子から商品購入	レーザー PR 20 台（@43,000） インクジェット PR 20 台（@14,000）	860,000 280,000
			小 計 1,140,000 消費税 114,000	
3/14	支払	備品を購入し，小切手（東京 AIS 銀行）で支払う		540,000 消費税 54,000
3/15	出荷 本社営業部	中央電機㈱へ商品販売	ノート PC 15 台（@140,000） タブレット PC 10 台（@60,000） レーザー PR 10 台（@60,000）	2,100,000 600,000 600,000
			小 計 3,300,000 消費税 330,000	
3/15	検収 本社営業部	㈱アジアニクスから商品購入	ハードディスク 20 台（@10,500） 無線 LAN 20 台（@4,200）	210,000 84,000
			小 計 294,000 消費税 29,400	

日付	取引区分 損益部門	取引内容		金額
3/15	売掛回収	中央電機㈱から売掛金が関東銀行（当座）に振込まれる		2,777,500
3/15	売掛回収	専修カメラ㈱から売掛金を約束手形にて受け取る		2,282,500
3/16	振替発送 本社営業部	杉並営業部へ商品発送	タブレット PC 15 台	＊＊＊＊
			インクジェット PR 15 台	＊＊＊＊
			無線 LAN 15 台	＊＊＊＊
3/17	支払 杉並営業部	配送運賃を現金支払い		20,000
			消費税	2,000
3/20	出荷 杉並営業部	専修カメラ㈱へ商品販売	タブレット PC 15 台（@60,000）	900,000
			インクジェット PR 15 台（@25,000）	375,000
			無線 LAN 15 台（@7,500）	112,500
			小 計	1,387,500
			消費税	138,750
3/20	検収 本社営業部	㈱アオヤマ製作所から商品購入	デスクトップPC 10 台（@110,000）	1,100,000
			タブレット PC 20 台（@38,000）	760,000
			小 計	1,860,000
			消費税	186,000
3/20	入金	約束手形が決済され，関東銀行（当座）に入金された		2,815,500
3/24	現金引出し	関東銀行（当座）から現金引出し		2,600,000
3/25	支払 本社営業部 杉並営業部 川崎営業部 本社管理部	給与の支払い 所得税を預かり，残額を現金支払い	給料 1,300,000　所得税 157,300 給料 　750,000　所得税 　90,800 給料 　500,000　所得税 　60,500 給料 　400,000　所得税 　48,400	
			小計 2,950,000	357,000
				（支給額：2,593,000）
3/25	売掛回収	高千穂物産㈱から売掛金が東京 AIS 銀行（当座）に振込まれる		2,640,000
3/26	支払	長期借入金を利息とともに関東銀行（当座）より返済	元 本 利 息	166,307 31,705
3/28	支払 本社営業部 杉並営業部 川崎営業部 本社管理部	通信費を現金支払い		19,800 13,200 9,900 23,100
			小 計	66,000
			消費税	6,600
3/31	買掛支払	㈱アオヤマ製作所の口座へ買掛金を東京 AIS 銀行（当座）から振込む		3,685,000
3/31	買掛支払	㈱ミツワ電子の口座へ買掛金を関東銀行（当座）から振込む		1,870,000
3/31	買掛支払	㈱アジアニクスの口座へ買掛金を関東銀行（当座）から振込む		441,100
3/31	出荷 本社営業部	高千穂物産㈱へ商品販売	ノート PC 15 台（@140,000）	2,100,000
			タブレット PC 5 台（@60,000）	300,000
			レーザー PR 5 台（@60,000）	300,000
			小 計	2,700,000
			消費税	270,000

③ 2月末商品棚卸高

	本社営業部		杉並営業部		川崎営業部		合計
	数量	金額	数量	金額	数量	金額	
ノートPC	40	3,100,000	15	1,200,000	3	240,000	4,540,000
デスクトップPC	15	2,025,000	8	1,200,000	4	566,667	3,791,667
タブレットPC	30	1,080,000	10	380,000	3	114,000	1,574,000
レーザーPR	25	1,150,000	9	450,000	2	100,000	1,700,000
インクジェットPR	50	809,091	4	72,000	2	33,403	914,494
ハードディスク	20	216,000	5	50,000	6	62,182	328,182
無線LAN	32	144,200	3	13,800	3	13,800	171,800
合計		8,524,291		3,365,800		1,130,052	13,020,143

※実習結果とは端数処理のために若干異なる。

④ 決算整理事項

（1）期末商品棚卸高

	本社営業部		杉並営業部		川崎営業部		合計
	数量	金額	数量	金額	数量	金額	
ノートPC	30	2,300,000	15	1,200,000	3	240,000	3,740,000
デスクトップPC	15	1,775,000	8	1,200,000	4	547,619	3,522,619
タブレットPC	40	1,475,556	10	364,000	3	114,000	1,953,556
レーザーPR	20	885,714	9	431,053	2	100,000	1,416,767
インクジェットPR	45	695,455	4	63,962	2	32,537	791,954
ハードディスク	30	318,000	5	52,667	6	62,182	432,849
無線LAN	27	117,731	3	13,201	3	13,584	144,516
合計		7,567,456		3,324,883		1,109,922	12,002,261

※実習結果とは端数処理のために若干異なる。

（2）減価償却（本社管理部）

① 建物（取得価額¥12,000,000）

定額法　耐用年数30年　残存価額は取得価額の10％　減価償却累計額¥3,600,000

② 備品（取得価額¥3,500,000）

定額法　耐用年数8年　残存価額はゼロ　減価償却累計額¥875,000

③ 3月14日取得の備品（取得価額¥540,000）

定額法　耐用年数4年　残存価額はゼロ　月割計算にて計上する

（3）その他

① 交通費未払い

本社営業部　¥20,000

杉並営業部　¥14,000

川崎営業部　¥16,000

本社管理部　¥12,000

小　計　¥62,000（＋消費税¥6,200）

② 受取利息の未収分

¥150,000

③　消費税の処理

　仮受消費税勘定と仮払消費税勘定の残高を相殺し，その差額を未払消費税勘定の貸方に計上する。なお，仮受消費税勘定と仮払消費税勘定の残高とは3月末日の残高であるが，決算整理仕訳における交通費未払計上時の仮払消費税額を加算する。

索　引

164

《著者紹介》（五十音順）

河合　久（かわい・ひさし）　担当：第1章，第2章
　　1958年　東京都生まれ
　　1983年　中央大学大学院商学研究科博士前期課程修了
　　現　在　中央大学国際経営学部教授

櫻井康弘（さくらい・やすひろ）　担当：第3章，第4章
　　1972年　長野県生まれ
　　2001年　中央大学大学院商学研究科博士後期課程単位取得退学
　　現　在　専修大学商学部教授

成田　博（なりた・ひろし）　担当：第1章，第6章
　　1958年　東京都生まれ
　　1983年　中央大学大学院商学研究科博士前期課程修了
　　1985年　日本大学大学院経済学研究科修士課程修了
　　現　在　高千穂大学商学部教授

堀内　恵（ほりうち・さとし）　担当：第5章
　　1970年　山梨県生まれ
　　2001年　中央大学大学院商学研究科博士後期課程単位取得退学
　　現　在　中央大学商学部教授

（検印省略）

2015年10月20日　初版発行　　　　　　　　　　略称―コンピュータ基礎
2021年 3月31日　改訂版発行

コンピュータ会計基礎 ［改訂版］

著　者　河合　　久・櫻井康弘
　　　　成田　　博・堀内　　恵
発行者　塚田尚寛

発行所　東京都文京区　　　株式会社　創成社
　　　　春日2-13-1
　　　　電　話 03 (3868) 3867　　ＦＡＸ 03 (5802) 6802
　　　　出版部 03 (3868) 3857　　ＦＡＸ 03 (5802) 6801
　　　　http://www.books-sosei.com　振　替 00150-9-191261

定価はカバーに表示してあります。